JN084449

台湾商標実務ガイド

最新の台湾商標法に基づいた出願、審査、
異議申立て、取消審判、無効審判、訴訟、
模倣品対策、税関登録までの仕組みと実務

維新国際専利法律事務所
台湾弁護士・弁理士
黄　瑞賢　　　[著]
日本弁理士
降幡　快

発明推進協会

巻頭言

黄　瑞賢

　維新国際専利法律事務所（以下「弊所」）は2012年に台北で設立して以来、知的財産関連の案件における代理を主な業務とし、商標、専利（特許・実用新案及び意匠）、著作権、不正競争、営業秘密などの分野で多くの経験を重ねてきました。

　2020年4月には、その経験と知識をもとに弊所が執筆・編集を行った「台湾専利実務ガイド」を出版しました。

　台湾での専利出願、無効審判、侵害訴訟などの諸制度を日本の読者に紹介した当書は、各界から多くの反響があり、好評を得ています。

　「台湾専利実務ガイド」を出版した2020年上半期は、COVID-19が世界中で猛威を振るい始めた頃でした。2003年のSARSを経験している著者は「今回も半年もすれば収まるだろう」と考えていましたが、その後、世界がこれほど深刻なダメージを受けることになるとは全く予想していませんでした。COVID-19の流行は、1年以上経過した今もなお続いています。これにより人々の行動は制限され、数々のイベントは延期・中止されたほか、変異株の相次ぐ出現に、いつになったら収束するのかとの懸念の声も上がっています。現在、COVID-19は、スペイン風邪以来、人類最大の脅威となっています。

　感染状況の長期化により、二国間・多国間の経済活動に制約を受けたものの、弊所では日々の業務をこなす中で、国際間の知的財産に関するサービスの需要は依然として高いものであり、中でも日本の権利者が台湾で商標ポートフォリオの構築を行う需要は絶えることがないと感じました。しかしながら日本では、台湾の商標制度を網羅した書籍が出版されていないことから、2020年下半期より本書「台湾商標実務ガイド」の執筆を開始しました。

台湾特許庁は、2020年末に商標法の改正草案を発表しました。

　この改正は、台湾の商標制度史上最大の法改正であるといっても過言ではなく、もし施行された場合は、台湾の弁理士や弁護士にとって非常に大きな挑戦になると思われます。

　商標法の改正草案については、本書の最後で紹介します。参考になれば幸甚です。

　また、台湾での商標ポートフォリオの構築、出願から登録までの流れ、争議案件に関する解説のほか、商標権の保護、特に実務上よく見られる悪意のある商標登録、模倣品への対応、また、昨今インターネット上で広がりを見せている模倣形態に対する取締り及びその阻止、司法実務上の最新解釈についても紹介しています。

本書の主な内容は以下のとおりです。
1．台湾における現行の商標制度
2．商標出願登録の要件と頻出の拒絶理由
3．商標権の保護と登録商標の使用
4．商標争議案件及び商標権侵害訴訟
5．水際取締措置及び模倣品捜査の流れ

　本書の解説により、日本の権利者や実務者の方々が台湾の現行商標法の運用状況を理解していただければ幸いです。

　本書もようやく出版の運びとなりましたが、弊所所員・高薇雙と鄺欣然は貴重な時間と多くのエネルギーを費やし、本書の完成に大きく貢献してくれました。

　林彦妤、陳奕安、曾慧璇などその他の所員も各案件で力を合わせ、尽力してくれました。そして長年共に働き、私をサポートし、力になってくれた友人や家族は多くの貴重なアドバイスを授けてくれ、そのおかげで本書の内容をより豊かなものとすることができました。

　日本知的財産権業界の先輩方、公益財団法人日本台湾交流協会の後藤光夫様及び中根知大様、一般社団法人発明推進協会、日本ライセンス協会の幡野政樹様、小西・中村特許事務所の中村知公先生にも大変お世話になり、心より感謝申し上げます。

　著者が東京大学大学院留学時にご指導賜った別府輝彦教授と（故）堀之內末治教授におかれましては、当時お二方の入学許可がなければ、30年前から現在に至るまで日台交流における様々な交流の機会を得ることはなかったものと考えます。

　そして、多くのアドバイスを下さった方々にも、ここに深く感謝の意を表します。

巻頭言

降幡　快

　台湾の専利制度を体系的に紹介した拙著（共著）「台湾専利実務ガイド」を2020年4月に上梓しました。当時から専利（特実意）の次は商標について紹介できればと考えており、2020年5月に早速、発明推進協会様に連絡を取ったところ、お願いしますという快諾を得たため、すぐに執筆の準備を始めました。

　本書でも紹介するように、日本から台湾への商標登録出願件数は安定して推移しており、日本企業にとって台湾商標に対するニーズは高いと言えます。また、台湾の商標制度は、登録主義であること、相対的拒絶理由と絶対的拒絶理由のいずれも審査対象となっていること、権利付与後異議申立てであることなど、中国や米国の商標制度に比べて日本の商標制度と多くの共通点を有します。ただ、それと同時にコンセント（併存登録）制度や権利不要求（ディスクレーム）制度、商標・商品役務の類否判断や審査の流れなど、多くの相違点もあります。

　本書は前著「台湾専利実務ガイド」同様に、台湾商標制度を基礎から体系的に紹介しつつ、日本とは異なる点や日本の読者の方々が注意すべき点を多く記載しました。また、特に商標の類否判断については、審査基準の規定だけでは実際の判断が分かりづらいこともあるため、近年の裁判例をできる限り多く掲載しました。日本の判断基準をそのまま当てはめることはなかなか難しいという点を実感していただけるのではないかと思っております。

　審査の流れや審判、権利行使などに加え、第七編においては模倣品対策という観点において重要な、水際取締措置及びECサイトでの模倣品取締りについて説明しています。紙幅の都合もあり、完全に内容を網羅してい

るとはいえませんが、主な流れや注意点について解説しています。

　本書が台湾において商標登録を検討している方、既に商標権を取得し、それを有効活用したい方などにとって、少しでもお役に立てれば幸甚に存じます。

　本書の執筆当時からコロナウイルスが猛威を振るっており、執筆や校正がなかなか思い通りに進まないということもありましたが、何とか出版までこぎ着けることができたのも、ひとえに発明推進協会の皆様のおかげであり、心より御礼申し上げます。

凡例

　本書の内容は2021年10月１日現在の商標法、商標審査基準、商標法施行
細則の内容に基づいたものとなっている。また、本書でいう「現行法」も
同様に2021年10月１日現在の商標法、商標審査基準、商標法施行細則の内
容を指す。

　判決は、適宜日本語で使用されている漢字へと変換し、また年号は西暦
へと変換した。
　　例：智慧財産法院105年行商訴字第22號
　　　→知的財産裁判所2016 年行商訴字第22号

台湾商標審査基準一覧

　台湾の商標における審査基準の一覧（日本語及び中国語）を以下に示す。
なお、台湾特許庁のウェブサイト（https://topic.tipo.gov.tw/trademarks-
tw/lp-517-201-1-20.html）から各審査基準の中国語原文を閲覧、ダウンロー
ドすることができる。

日本語	中国語
商標識別性審査基準	商標識別性審査基準
混同誤認のおそれ審査基準	「混淆誤認之虞」審査基準
登録商標の使用注意事項	註冊商標使用之注意事項
非伝統的商標審査基準	非傳統商標審査基準
声明不専用審査基準	聲明不専用審査基準
商標法第30条第１項第11号著名商標保護審査基準	商標法第30條第１項第11款著名商標保護審査基準
商標登録出願手続き審査基準	商標註冊申請案件程序審査基準
商標争議案件手続き審査基準	商標争議案件程序審査基準
商標争議案件審査フロー注意事項	商標争議案審査流程注意事項

凡例

日本語	中国語
公共秩序又は善良風俗を妨害する商標審査基準	商標妨害公共秩序或善良風俗審査基準
商標争議案件申請及び答弁注意事項	商標爭議案件申請及答辯注意事項
声明不専用不要例示事項	無須聲明不專用例示事項
商標争議案件口頭審理作業要点	商標爭議案件聽證作業要點
商標審査官による無効審判請求作業要点	商標審査人員提請評定作業要點
商標法利害関係人認定要点	商標法利害關係人認定要點
証明標章、団体商標及び団体標章審査基準	證明標章、團體商標及團體標章審査基準
小売役務審査基準	零售服務審査基準
商標登録出願情報提供作業要点	商標註冊申請案第三人意見書作業要點
両岸商標協力作業処理手続き	兩岸商標協處作業處理程序
中国大陸人民特許及び商標登録出願作業要点	中國大陸人民申請專利及商標註冊作業要點
有機文字を含む商標又は商品の審査事項	商標或商品含有機字樣之審査事項
十字図を含む商標の審査原則	商標圖樣含十字圖之審査原則
商標閲覧及び印刷作業要点	商標閱卷及影印作業要點
著名地方特色産業産地認定原則	著名地方特色產業產地認定原則
拒絶理由通知実施要点	審定核駁理由先行通知實施要點
商標鑑定案件作業手続き	商標鑑定案件作業程序

目次

こぼればなし

著者紹介

事務所紹介

カラー商標見本

第一編

台湾商標制度の概要

第一章　台湾の政府機関について

　台湾で商標、専利（特許、実用新案及び意匠）や著作権などの知的財産権の事務を管轄する行政官庁は、知的財産局（以下、台湾特許庁）である[1]。台湾で商標権を取得するためには、台湾特許庁に対し商標登録出願を行わなければならない。出願されると台湾特許庁が商標登録出願の内容について審査を行い、拒絶理由が発見されなかった場合又は拒絶理由が意見書や補正書により解消された場合は、登録料の納付を要件として商標が登録・公告され商標権が発生する。

第一節　五権分立制度について

　ここではまず、台湾の五権分立制度及び商標手続きに関連する行政機関や司法機関について簡単に説明する。日本の制度や組織とは相違点が多いので注意が必要である。日本では立法、行政、司法の各権限をそれぞれ国会、内閣、裁判所に与える三権分立が採用されているが、台湾では五権分立が採用されている。台湾では立法、行政、司法をつかさどる機関はそれぞれ立法院、行政院、司法院であり、これら3機関に加えて考試権及び監察権をつかさどる考試院と監察院という機関が存在する[2]。

---

[1]　台湾特許庁は商標、専利、著作権に加え、営業秘密の事務も管轄する。

[2]　考試院は公務員試験、公務員の任用、保障、昇進などの人事関連事務を行う。監察院は公務員や国家機関に対する弾劾権、糾挙権（違法行為をした又は職責を果たさない公務員に対し停職等の処置を命じる権利）の行使及び会計監査（審計権の行使）を行う。

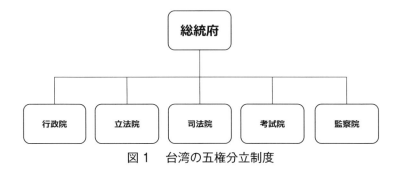

図1　台湾の五権分立制度

第二節　行政機関

　行政機関について、行政院の下には多くの下級機関が存在するが、産業に関する経済全般を扱う経済部がここに属する。経済部は日本の経済産業省に相当する機関である。そして、経済部の下級機関として、知的財産権の事務を管轄する台湾特許庁が存在する。つまり台湾特許庁の上級機関は経済部である。そして、同じ経済部の下級機関として訴願審議委員会があり、訴願審議委員会も台湾での商標手続きを語る上で欠かすことのできない機関である。詳細は後述するが（第二編第五章）、台湾特許庁による拒絶査定などの行政処分に不服がある場合、原則としてまずこの訴願審議委員会へ訴願という手続きを行うことが必要となる。なお、図2にある「公平交易委員会」は、不正競争法や独占禁止法の管理及び運用等を行う機関である。

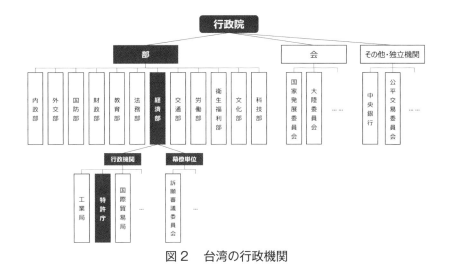

図2　台湾の行政機関

第三節　司法機関

　司法院は台湾の最高司法機関であり、司法権を管轄する。司法院は15名の大法官より構成される。司法院の下に最高法院（最高裁判所）、最高行政法院（最高行政裁判所）や知的財産法院（知的財産及び商事裁判所）[3]など多数の裁判所が設けられている。司法院は憲法解釈及び法律・命令の統一解釈に加え（憲法第78条）、総統・副総統の弾劾及び違憲政党の解散を行う（憲法追加条文第5条第4項）。

第四節　商標事件の管轄及び審級

　図3は商標に関する事件の管轄及び審級を示す図である。商標手続きの

---

[3]　2021年7月1日から、商事裁判所が設立されるとともに、現在の知的財産裁判所と合併し「知的財産及び商事裁判所」（中国語：智慧財産及商業法院）が発足した。名称も「知的財産及び商事裁判所」へと変更された。

行政訴訟に関し、出願後の拒絶査定、異議申立ての決定、無効審判や取消
審判の審決に対する不服申立手段として、訴願審議委員会に対し訴願を提
起することができる。訴願において棄却決定が下された場合は、行政訴訟
第一審を提起することができ、これは知的財産及び商事裁判所の管轄であ
る[4]。行政訴訟第二審は最高行政裁判所（法律審）で審理が行われる。

　商標の民事事件の場合、第一審及び第二審はいずれも知的財産及び商事
裁判所で審理が行われる[5]。第二審の判決に不服がある場合、最高裁判所
（法律審）への上告が可能である。最後に商標の刑事事件の場合、第一審
は台湾各地の地方裁判所が管轄する。そして第二審は知的財産及び商事裁
判所で審理が行われ[6]、第二審の判決に不服がある場合、最高裁判所（法
律審）への上告が可能である。

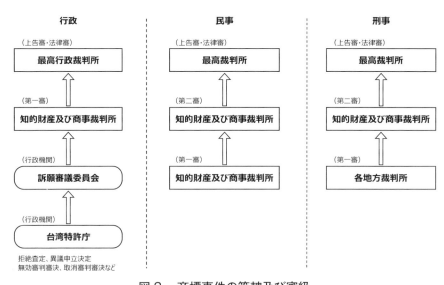

図３　商標事件の管轄及び審級

---

[4]　知的財産裁判所組織法第３条第３項、知的財産案件審理法第31条第１項

[5]　知的財産裁判所組織法第３条第１項、知的財産案件審理法第７条

[6]　知的財産裁判所組織法第３条第２項、知的財産案件審理法第25条第１項

第二章　商標登録出願件数の統計

　図4は台湾の商標登録出願件数及び日本出願人による出願件数割合の推移を示すグラフである[7]。出願件数に関し、2010年は全体で約6万6000件であり、2013年に一度微減となったものの、それ以降は年を追うごとに増加しており、2019年は8万6794件となっている。なお、日本の2018年における商標登録出願件数は18万4433件である[8]。

　次に日本出願人による出願件数割合は、安定して5～6％で推移しており、日本出願人の台湾の商標に対する注目度は高い。台湾特許庁発行の「2019年年報」によれば、外国出願人による出願件数割合は中国（7.04％）が最も高く、次いで日本（5.47％）、米国（4.17％）、韓国（1.92％）と続く。特許と同様に近年は中国からの出願件数の増加が著しく、2010年は1603件（2.41％）であったが、2019年は6108件（7.04％）となっている。

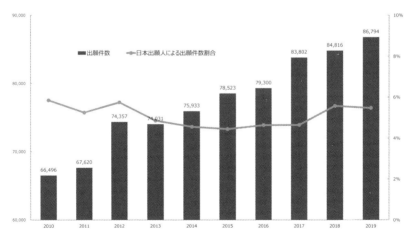

図4　台湾の商標登録出願件数及び日本出願人による出願件数割合

---

[7]　台湾特許庁編「2019年年報」より作成。
[8]　「特許行政年次報告書2019年版」より。

　図5は台湾の商標登録件数及び日本出願人による登録件数割合の推移を示すグラフである[9]。出願件数と同様に、日本出願人による登録件数は安定して5％から6％で推移している。

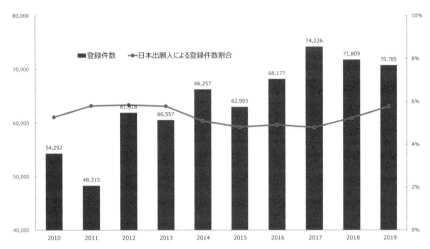

図5　台湾の商標登録件数及び日本出願人による登録件数割合

　表1及び表2は主要な新しいタイプの商標（非伝統的商標）の最近5年の出願件数及び登録件数の推移を示すものである[10]。台湾でも新しいタイプの商標を出願し、登録することができる。台湾では商標法の保護対象について、商品又は役務の出所を識別するのに十分な標識であればいずれも登録を受けることができる、と規定されている[11]。よって日本で登録が認められる立体商標、動き商標、ホログラム商標、音商標、位置商標、色彩商標に加え、日本ではまだ登録が認められていない、匂い（香り）商標、触感商標、味覚商標、そして地模様商標（中国語：連続図案商標）も台湾

---

[9]　台湾特許庁 2019 年年報より作成。
[10]　前掲注9)
[11]　商標法第18条「商標とは識別力を有する全ての標識を指す。商標は文字、図形、記号、色、立体形状、動き、ホログラム、音など、又はこれらの結合で構成されるものをいう」。

では登録を受けることができる（新しいタイプの商標については第二編第一章第二節で詳述する）。

　立体商標を除けば、新しいタイプの商標の出願件数及び登録件数はそれほど多くなく、登録件数については年に数件程度にとどまっている。なお、匂い商標はこれまでに十数件出願されているが、登録された例はいまだ1件もない。

表1　新しいタイプの商標（非伝統的商標）の最近5年の出願件数

単位：件

	2015	2016	2017	2018	2019
立体	96	113	144	166	103
音	5	7	4	4	2
色彩	15	19	0	5	4
ホログラム	2	1	2	0	0
動き	2	6	1	1	1
その他	3	7	12	0	18

表2　新しいタイプの商標（非伝統的商標）の最近5年の登録件数

単位：件

	2015	2016	2017	2018	2019
立体	60	26	80	118	49
音	2	8	8	0	1
色彩	1	0	3	2	0
ホログラム	0	0	2	0	0
動き	1	1	1	0	1
その他	1	1	8	0	3

第二編

商標登録出願と審査の流れ

　台湾における商標制度は、登録主義の原則を採用している。台湾特許庁へ商標登録出願を行うと、台湾特許庁による方式審査及び実体審査が行われ、問題がないと判断されれば台湾特許庁から登録査定が下される。その後、出願人は登録料を納付することで、台湾特許庁から商標登録証が発行されるとともに設定登録がされ、設定登録日から商標権が発生する。

第一章　商標の種類

　商標法第18条では次のように規定されている。「商標とは、識別力を有する標識を指し、文字、図形、記号、色彩、立体形状、動き、ホログラム、音など、又はそれの結合によって構成されるものをいう」。

　この条文の記載から分かるように、「文字、図形、記号、色彩、立体形状、動き、ホログラム、音など、又はそれの結合によって構成されるもの」に限らず、識別力を有する標識であればいずれも商標として登録を受けることができる。つまり、日本ではまだ保護対象とはされていない、匂いや触感の商標についても、登録要件を満たせば登録を受けることができる。

　また、台湾ではいわゆる「新しいタイプの商標」を非伝統的商標といい、通常の商標（伝統的商標ともいう）と区別している。

　日本では商標のほかに団体商標及び地域団体商標の登録制度が存在するが、台湾では日本の団体商標及び地域団体商標に相当するものとして、証明標章、団体標章、団体商標の登録制度が存在する（商標法第2条）。

第一節　商標、証明標章、団体標章及び団体商標

1．商標

　商標は識別力を有する標識であり、商品又は役務を示し、関連消費者が他人の商品又は役務と区別できるようにするためのものである。

Canon　　　　**SONY**

（登録番号：00250725）　　　　　（登録番号：00017899）

2．証明標章

　証明標章も商標法の保護対象であり、出願手続きを行い審査を経て登録となる点は通常の商標と同じであるが、通常の商標は商品又は役務の出所を示すものであるのに対し、証明標章は他人の商品又は役務における特定の品質、精密度、原料、製造方法、産地又はその他の事項を証明する標識である。証明標章はこれら特定の品質等を証明する能力を有する法人、団体又は政府機関が証明標章権を取得する。他人の商品又は役務の品質等が一定の条件を満たす際に、証明標章の権利者は当該他人に対し証明標章の使用を認める。証明された商品又は役務に証明標章が使用されることで、証明標章が付されていない他の商品又は役務、すなわち証明されていない他の商品又は役務と区別することができるようになる。よって、証明標章は上述した特定の品質等を証明する機能及び商品の識別機能を有することが必要となる。

　証明標章は、証明標章の権利者から同意を得た第三者が使用する。証明標章の権利者は、当該第三者が使用規範書[12]に記載された条件に沿って商品又は役務に証明標章を使用しているかどうかについて、管理及び監督の義務が課せられる。よって証明標章の出願人は、他人の商品又は役務を証明する能力を有する法人、団体又は政府機関に限られており[13]、自然人は

---

[12] 使用規範書は証明標章の出願時の必須書類の1つである。使用規範書には証明する内容、使用の条件、管理及び監督の方法などを記載しなければならない（商標法第82条第4項）。

出願人となることはできない。その他、証明標章は商品又は役務に一定の特性が備わっていることを証明するものであるため、出願人は公正中立で客観的な立場を保たなければならない。したがって、出願人が証明対象である商品又は役務の業務に従事している場合、証明標章登録の出願をすることはできない[14]。また、出願人は、証明対象である商品の製造、販売又は役務の提供に従事していない旨を記した誓約書を提出しなければならない[15]。

　証明標章はその証明する内容により、一般証明標章及び産地証明標章の2種類に区分される。

（1）一般証明標章
　一般証明標章は商品又は役務の品質、精密度、原料、製造方法又はその他の事項を証明する標章であるため、個人の資格や技能などの場合は一般証明標章として登録を受けることができない。

　下記の例は社団法人台湾優質内衣連盟が有する登録証明標章であり、権利者である同連盟から同意を受けた第三者が加工製造する肌着製品は台湾で生産製造され、権利者の定める認定基準を満たしていることを証明する標章である。

---

[13]　商標法第81条第1項
[14]　商標法第81条第2項
[15]　商標法第82条第1項

（登録番号：01332297）

　日本の団体による一般証明標章の登録例として以下のものがある。この一般社団法人日本硝子製品工業会が有する証明標章は、この証明標章が付されたガラス製の包装容器やびん等の品質が権利者の定める認定基準を満たしていることを証明する。

（登録番号：01281379）

（2）産地証明標章

　産地証明標章は、商品の産地又は役務の提供地を証明するものである。産地証明標章が証明する商品又は役務の品質、名声又はその他の特性は、産地又は提供地の地理環境との間に関連性を有していなければならない。関連性とは例えば、当該地理環境の土壌、気候、水質などの自然要素や、当該地域の伝統的な製造過程、生産方法、製造技術などの人文要素が挙げられる。

　下記の例は台湾嘉義県政府が有する登録証明標章であり、この証明標章が付された茶葉製品は高品質であること、茶葉が阿里山で採れたものであること、政府の定める安全投薬規定を満たしていることを証明する。また、

当該茶葉製品は産地である阿里山地区の地理環境との間に関連性を有している。

（登録番号：01242948）

３．団体標章

　団体標章とは、法人資格を有する組合、協会又はその他の団体が、その会員の地位を示し、当該団体会員ではない者と区別するための標識である[16]。後述する団体商標は団体の会員が提供する商品又は役務を示すものであるが、団体標章はこれとは異なり、団体の会員（以下、構成員）の地位を示すものである。つまり団体標章は商業又は取引において商品又は役務に使用するものではなく、構成員の地位を表すことで、公衆に対し当該団体標章を使用する者と当該団体との間には関連があることを伝えるものである。

　団体標章は団体がその構成員に使用させるものであるため、団体標章の出願人は「人」の集合体である組合、協会又はその他の団体に限られる。財産の集合体である財団法人や会社、自然人は構成員を有するわけではないため、団体標章の出願人となることはできない。

　下記の例は中華献血運動協会（中国語：中華捐血運動協會）が有する登録団体標章であり、同協会の組織と構成員の地位を示すものである。

---

[16]　商標法第85条

（登録番号：00000300）

４．団体商標

　団体商標とは、法人資格を有する組合、協会又はその他の団体が、その会員によって提供される商品又は役務を示し、当該団体会員ではない者によって提供される商品又は役務と区別するための標識である[17]。通常の商標は商標権者が使用するのに対し、団体商標は団体の構成員が共同で使用する。団体商標の権利者となる団体は、構成員全体の共同利益を保護するために、構成員による団体商標の使用を管理・監督する能力が必要とされる。

　団体商標も団体標章と同様に、団体がその構成員に使用させるものであるため、団体商標の出願人は「人」の集合体である組合、協会又はその他の団体に限られる。財団法人や会社、自然人は団体商標の出願人となることはできない。

　団体商標はその指示する内容により、一般団体商標及び産地団体商標の２種類に区分される。

（１）一般団体商標

　一般団体商標は、商品又は役務の出所が団体の構成員であることを示す標章である。

　下記の例は新北市茶商業同業公会（中国語：新北市茶商業同業公會）が

---

[17]　商標法第88条第1項

有する団体商標であり、茶葉、茶、ティーバッグ等を指定商品としている。なお団体商標の中に「New Taipei City」「新北市」という地名を示す文字が含まれてはいるが、指定商品又は役務の品質、名声その他の特質と当該地名の地理環境との関連性は認められないため、産地団体商標ではなく、一般団体商標として登録されている。

（登録番号：01518828）

（2）産地団体商標

　産地団体商標は商品又は役務の出所が団体の構成員であることに加えて、特定の地域であることを示す標章である。産地団体商標が指定する商品又は役務の品質、名声又はその他の特性は、産地又は提供地の地理環境との間に関連性を有していなければならない。関連性とは例えば、当該地理環境の土壌、気候、水質などの自然要素や、当該地域の伝統的な製造過程、生産方法、製造技術などの人文要素が挙げられる。

　産地団体商標と産地証明標章に関し、（産地）証明標章の出願人が証明対象である商品又は役務の業務に従事している場合は出願人資格を有しないのに対し、産地団体商標の出願人たる団体は、商品又は役務の生産・提供者から構成されることが通常であるため、団体は指定商品又は役務の提供者であってもよい点で両者は相違する。また、産地団体商標の出願人は法人資格を有する団体に限られるが、産地証明標章の出願人は非法人団体であってもよい。

　下記の例は金門県農会（中国語：金門縣農會）が有する登録産地団体商

標であり、牛肉、ステーキ等を指定商品としている。この産地団体商標の
指定商品の品質や特性は金門県の地理環境との関連性を有している。

（登録番号：01316157）

第二節　新しいタイプの商標（非伝統的商標）

　台湾では2003年の商標法改正により、立体商標、色彩商標、音の商標の
登録が認められるようになった。その後、2012年には保護対象のさらなる
拡大を進め、識別力を有する標識であればいずれも商標として登録を受け
ることができるようになった。現在、台湾では上述したものに加え、動き、
ホログラム、匂い、味、地模様、位置なども、一定の要件を満たせば登録
を受けることができる。

１．色彩商標（色彩のみからなる商標）

　色彩商標は単色又は複数の色彩の組み合わせであって、商品又は役務の
出所を示す機能を備えていることが必要である。色彩商標はあくまで色彩
のみから構成されるものを指し、他の要素と組み合わされたもの、例えば
文字、図形、記号と組み合わされた商標は、色彩商標に該当しない。色彩
商標は商品等における位置を特定するものであってもよい（01185658号参
照）。色彩商標の願書には、商標記述欄（日本の願書「商標の詳細な説明」
に相当）において、商標の色彩及び指定商品又は役務における使用の状況
を記載しなければならない[18]。単色の色彩商標の場合、色彩を明確に特定

---

[18]　商標法施行細則第14条第2項

するためにカラーコードや RGB などによって色彩を表すことが要求される。

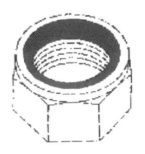

（登録番号：01185658）

巻末にてカラー掲載

　商標記述は「本件は色彩商標である。紫色であり、ナットの非金属内側リングの部分に使用される。破線部分は商品の形状を示すものであり、商標の一部分を構成するものではない」となっている。

（登録番号：01420212）

巻末にてカラー掲載

　商標記述は「本件は色彩商標である。色彩は、２つの緑色の色調及び３つの青色の色調の帯状の組み合わせである。左から順に黄緑、緑、濃い青、薄い青、青の５種類の色で構成され、商標全体における５種類の色が占める割合はそれぞれ20％、10％、15％、５％、50％であり、順序と比率は固定である。商品の大きさ及び使用される空間に応じて商標の大きさが変動する」となっている。

　なお、いまだ台湾において単色の色彩商標で登録となったものは存在しない（2020年７月時点）。

２．立体商標

　立体商標とは、三次元空間において長さ、幅、高さを有する立体的形状で自他商品識別力を有するものである。立体商標として出願可能な態様は商品の形状、商品包装容器の形状、立体形状標識（商品又は商品包装容器以外の立体形状）及び役務提供場所の外観・内装の４つが「非伝統的商標審査基準」に挙げられている。立体商標の願書には、商標記述欄において、立体形状の説明を記載しなければならない。立体形状の各角度からの外観特徴が異なる場合、商標は複数の角度からの図を提出することができるが、最大で６図までである。簡単な立体形状であり１つの角度からの図で立体形状を十分に表すことができる場合は、当該１つの角度からの図のみを提出すればよい。

　立体商標において立体形状が商品又は役務に使用される方法、位置、内容などについて、破線で示すことができる。ただし、この破線で示した部分は商標の権利範囲には含まれない。また、立体形状において機能的な形状や識別力を有しない部分については、破線で示すか又は当該部分について権利不要求（ディスクレーム）をしなければならない（第三編第一章第一節３を参照）。

（登録番号：01460121）

巻末にてカラー掲載

　商標記述は「本件商標は立体商標であり、紫色で薄くて長い角柱包装容器である。……破線で示されたビンの形状は、商標の一部分ではない」と

なっている。

3．動き商標

　動き商標とは連続して変化するものであって、商品又は役務の出所を示す機能を有するものを指す。動き商標は変化の全体を保護するものであり、変化の過程で現れる文字や図形などの部分についてそれぞれ商標権が付与されるわけではない。願書に記載する動き商標は、変化の過程をはっきりと完全に表さなければならない。また、複数の図を提出する場合、6図を超えてはならない[19]。願書の商標記述欄において、動き商標の変化の過程について順を追って説明しなければならず、また、動き商標を保存した電子媒体を提出する必要がある[20]。

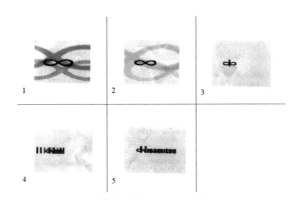

（登録番号：01641755）

巻末にてカラー掲載

　商標記述は「本件商標は動き商標であり、5つの図からなる。無限大記号の連続流動図が図1から図2のように観る者の視覚に出現する。その後、青色縦長長方形が無限大記号の中心に現れ、無限大記号の左右双方へ素早

く移動する。……灰色部分は背景を示すものであり、商標の一部分ではない」となっている。

4．ホログラム商標

　ホログラム商標とは、ホログラフィーを利用したものであり、立体像、複数の図、1つの図などの態様がある。観察する角度によって様々な色の模様となる。願書に記載するホログラム商標は、ホログラムを示す図であって、当該図は4図を超えてはならない[21]。また、願書の商標記述欄において、ホログラム商標の説明を記載し、角度によって図が変化する場合、その変化を説明しなければならない[22]。なお、ホログラム商標のサンプルを提出するよう通知される可能性が高いため、出願時に提出することが好ましい。2020年7月時点で、ホログラム商標の登録例は2件（同一商標で別区分、よって実質1件）のみとなっている。

（登録番号：01863357）

巻末にてカラー掲載

　商標記述は「本件はホログラム商標であり、外形は横長の長方形で……。本ホログラムの特徴は角度が変化した際に、雲のそばにある蝶々状の鍵図における羽が外に向かって拡張し、内に向かって縮む点にある。ただし角度が変化しても雲図内の背景は変化しない。本商標は正面から見ると銀色であるが、異なる角度から見た場合、一部が虹色のように様々な色

---

[21]　商標法施行細則第17条第1項
[22]　商標法施行細則第17条第2項

に変化する」となっている。

5．音商標

　音そのものを標識として用いるものであり、聴覚により商品又は役務の出所を区別する商標である。音商標は音楽性質を有するものであっても、音楽性質を有しない動物の鳴き声などであってもよい。音商標は五線譜又は数字譜で表し、願書の商標記述欄において、音商標の説明を記載しなければならない。音商標を五線譜で表せない場合は、文字により完全な説明をしなければならない。また、音商標の場合、音商標を記録した電子媒体を提出しなければならない[23]。

（登録番号：01236199）

　商標記述は「本件は音商標であり、Ｄフラット、Ｄフラット、Ｇ、Ｄフラット、Ａフラットの５つの連続した音からなる」となっている。

　音商標の多くは出願人の経営理念、商品・役務の特色、広告の背景音楽などであり、一般的に音商標は識別力を有しないため、使用による識別力を獲得しなければ登録を受けることができない。ただし、音商標であっても独特な音の構成など、もともと識別力を有する場合もある。

6．地模様商標

　地模様商標（台湾では連続図案商標ともいう）とは、指定商品やその包装容器又は指定役務に関する物品や提供場所などに連続して現れる図であって、自他商品識別力を有するものを指す。地模様商標の願書に記載する商標は、指定商品・役務に用いる方法、位置や内容を示すために、破線を

---

[23]　商標法施行細則第18条

用いて表すことができる。特に、地模様商標が商品の特定位置に用いられるような場合、破線を用いた上で、商標記述欄において説明を加えることができる。なお、破線部分は商標の一部分ではない。

（登録番号：02064070）

　商標記述は「本件は地模様商標である。本商標図案は『FAURÉ LE PAGE』及び『PARIS 1717』の文字を含む魚の鱗が繰り返されて構成される。商品に関する全て又は一部に用いられ、使用される箇所は固定された方位や位置に限られない」となっている。

　地模様からなる商標については、商品・役務の出所を表示するものではなく単なる装飾や包装の背景であると認識されることが多く、原則として商標登録を受けることはできない。独創的な複数の要素から構成されるような非常に特殊な地模様である場合を除き、地模様商標が登録を受けるためには使用による識別力の獲得が条件とされる。

７．匂い商標

　特定の匂い（香り）が自他商品識別力を有する場合、匂い商標として出願することができる。願書に記載する商標には、匂い商標を文字で説明したものであってよい。この説明は分かりやすく、明確で客観的なものでなければならない。例えば、「本件は匂い商標である。バラの花の香りをプラスチック製家庭用容器に用いたものである」など。ただし、消費者の主観や経験によって、商標の説明から得られる匂い商標の理解が異なる場合、商標が不明確であるとして要件を満たさない。例えば、「風船ガムの

匂い商標からなる」という記載では、具体的にどのような匂い商標なのか
が不明確である。また、匂い商標を構成する成分や含有率を説明したとして
も、消費者がその匂い商標をはっきりと理解できない場合は、依然とし
て不明確であると認定される。

　匂い商標の審査においては、原則として匂い商標のサンプルを提供する
よう求められる[24]。ただし、このサンプルはあくまで審査官が商標を理解
するためのものであり、実際の商標の権利範囲はあくまで願書に記載され
た商標及び商標記述によって定まる。なお、匂い商標はこれまで数件出願
されているが、2021年3月時点で登録例はまだ存在しない。

　匂い商標の識別力についても他の商標と同様に、匂い商標自体が指定商
品・役務の出所を示すものでなければならない。例えばチョコレートやバ
ニラの匂い商標をベーカリー食品に用いたとしても、これは記述的な商標
であるため、識別力を有しない。また、ゴムの匂い商標をタイヤ商品に用
いた場合、タイヤは主にゴムから製造されるものであって、ゴムの匂い商
標はタイヤ商品そのものから放出される匂い商標であるため、タイヤ商品
について慣用されている商標となり識別力を有しないとともに、使用によ
る識別力を獲得したとしても登録を受けることはできない[25]。

8．その他

　その他の非伝統的商標として、位置、触感、味などがある。いずれも自
他商品識別力を有することが前提となる。非伝統的商標を組み合わせたも
のも登録を受けることができる。例えば、音と動きを組み合わせたものな
どである。

---

[24]　商標法施行細則第13条第1項
[25]　使用による識別力を獲得して登録を受けることができるのは、記述的商標及びそ
　　の他識別力を有しない商標であり、慣用商標は除外されている（商標法第29条
　　第2項）。

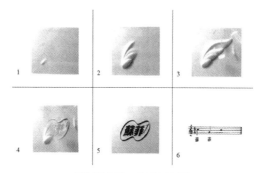

（登録番号：01648265）

　商標記述は「本件は音と動きの結合商標である。5つの図と1つの音符を含む。……」となっている。

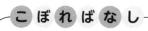

電子出願システムについて

　台湾政府のペーパーレス化の取組に合わせ、台湾特許庁は電子出願システムによる商標登録出願を推奨している。2021年6月時点で電子出願を利用した新規登録出願が占める割合は86.74% に達し、前年同期比で7.18% 増となった。

　電子出願はペーパーレス促進のほか、一定の要件を満たした場合、自動的にファストトラック審査の対象になるというメリットがある。ファストトラック審査となれば、通常に比べて1カ月から2カ月程早く審査結果を得ることができ、商標権の早期取得が可能になる。さらに、電子出願システムでは商品・役務の簡易チェックや庁費用の自動計算という便利な機能もある。

※台湾の国鳥：ヤマムスメ

第二章　　出願手続き

　台湾における商標登録出願の概要、流れ、優先権、出願日の認定、必要書類及び指定商品・役務について説明する。

第一節　出願手続きの概要

1．台湾への出願ルート

　現在、海外で商標登録を行う方法として一般的なものは、マドリッド協定議定書[26]に基づく国際登録出願である。日本で出願中の商標又は登録商標を基礎として、保護を求める締約国を指定し、日本特許庁に国際出願を行う方法で、「マドリッド・プロトコルに基づく国際登録出願」と呼ばれる。マドリッド協定議定書の締約国は2021年3月17日時点で108か国となっている。

　しかし、台湾はマドリッド協定議定書の締約国ではないため、台湾で商標登録を行う際に「マドリッド・プロトコルに基づく国際登録出願」を行うことはできず、台湾特許庁へ直接商標登録出願をする必要がある。なお、台湾はWTOに加盟しているため（WTOに加盟するとパリ条約に準じた制度を施行することが義務化されているため）、WTO加盟国又は台湾と優先権を相互承認する国においてされた出願を基礎として、優先権を主張し台湾へ商標登録出願をすることは可能である。優先権については本章第三節を参照されたい。

---

[26]　正式名称：「標章の国際登録に関するマドリッド協定の1989年6月27日にマドリッドで採択された議定書」

29

２．代理人

　台湾に住所又は営業所を有しない出願人は、代理人を指定しなければならない。よって日本の出願人が台湾へ商標登録を行う場合、台湾の代理人を指定する必要がある。なお、この代理人の要件として、現行規定では台湾に住所を有することのみが条件とされている[27]。つまり、弁理士や弁護士以外の者も商標の代理人となることができる（なお専利の場合、代理人資格を有する者は専利師、弁護士及び専利師法施行前に専利代理人証書を所持する者に限られている）。極端に言えば、商標について何ら知識のない者でも、商標に関する代理人となることができる。これは、商標を専門とする資格が存在しないことに起因すると思われる。なお、台湾における日本の弁理士に相当する資格は専利師であるが、専利師はあくまで（日本でいう）特許・実用新案・意匠の「専利」を専門とする資格であり、専利師法においても商標については触れられていない（専利師試験においても商標は試験科目に含まれていない）[28]。

　現在台湾において商標に関する手続きの代理人の多くは、専利師、弁護士、会計士及び専利代理人となっている。

３．出願形式

　近年のペーパーレス・電子化の流れを受け、台湾特許庁は現在、紙ベースの出願に加えてオンライン出願も受け付けている。紙出願の場合、願書及び必要書類を印刷し、台湾特許庁へ出向いて当該書類を提出する。また、台湾特許庁へ出向く代わりに、書類を郵送することによる出願も可能である。

---

[27]　商標法第 16 条第 1 項、第 2 項
[28]　「商標代理人」いう語も存在するが、「商標代理人」という資格は存在しない。台湾特許庁ウェブサイトに商標代理人一覧というページがあるが、これは 1 年間に 20 件以上の代理をした者であれば、申請を経て情報が掲載される。つまり、当該ページに掲載されているからといって、商標の専門性が保証された人間とは限らない。

　オンライン出願では24時間365日いつでも手続きが可能である（メンテナンス中を除く）。オンラインで可能な手続きは続々と追加され、現在、商標に関するほぼ全ての手続きがオンラインで行うことができるようになっている。また、オンラインにより商標登録出願を行った場合、庁費用（台湾特許庁手数料）が300元（約1100円）割り引かれるというメリットもある。

　単位の「元」はNTD（新台湾ドル）である（以下、本書で台湾の通貨表記は「元」とする）。

　台湾の商標法における出願及びその他手続きの書類提出の効力発生時期に関し、原則は到達主義が採用され、台湾特許庁に到達した日が基準とされる。例外として郵送の場合は消印（通信日付印）に示された日が基準とされる。消印に示された日が不明確な場合、当事者が立証しなければならず、立証できない場合は台湾特許庁に到達した日が基準とされる[29]。オンライン出願の場合、台湾特許庁のシステムがファイルを受領した日が基準とされる[30]。

4．一商標一出願の原則、一出願多区分制

　台湾でも一商標一出願の原則が採用されている。つまり、1つの出願には1つの商標しか含めることができず、2つ以上の商標を保護したい場合は、商標ごとに出願しなければならない。そして1つの出願には複数の区分を指定することができる一出願多区分制が採られている。

---

[29]　商標法第9条
[30]　商標電子出願及び電子送達実施弁法第14条

第二節　商標登録出願の流れ

台湾における商標登録出願の主な流れは以下のとおりである。

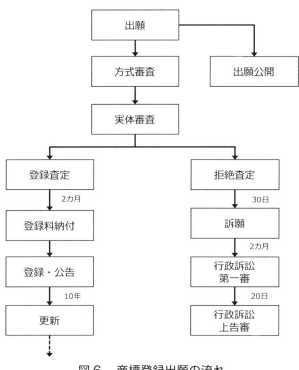

図6　商標登録出願の流れ

1．出願

　願書及び必要書類を台湾特許庁へ提出する（詳しくは本章第四節 2 を参照）。なお、商標法及び施行細則には特に明文化されていないが、商標登録出願がされると数日後に台湾特許庁ウェブサイトのデータベースに出願内容が公開される。

２．方式審査

　提出された出願書類が、法に定められた様式に従って作成されているか否かなどが審査される。

３．実体審査

　出願に係る商標が、法律の要件を満たしているかどうかが審査される。実体審査において、要件を満たしていないと判断された場合、出願人に対してその旨が拒絶理由として通知される。出願人は、この拒絶理由通知に対して意見書や補正書を提出し、反論することができる。

４．登録査定・公告

　実体審査において拒絶理由が発見されないか、意見書や補正書により拒絶理由が解消した場合、登録査定が下される。登録査定書送達の日から２カ月以内に登録料を納付することで、台湾特許庁から商標登録証が発行されるとともに、商標権の設定登録・公告がされる。

５．拒絶査定・行政救済

　実体審査における拒絶理由通知に対する応答では拒絶理由が解消しなかった場合、拒絶査定が下される。拒絶査定に不服がある場合、出願人は拒絶査定書送達の日から30日以内に訴願を提起することができる。訴願において棄却決定が下された場合、知的財産裁判所へ行政訴訟（第一審）を提起することができる。行政訴訟第一審で請求が棄却された場合は、最高行政裁判所へ上告することができる。

６．権利の発生、存続期間

　商標権は登録日から発生し、商標権の存続期間は登録日から10年である。

７．更新申請

　商標権は更新登録を行うことで権利の更新を行うことができ、一回ごと

の更新期間は10年である。商標権の更新は商標権の存続期間満了前の６カ月以内に申請を行い、更新登録料を納付しなければならない。商標権存続期間満了後６カ月以内に申請を行う場合は、更新登録料を２倍納付しなければならない。

第三節　優先権

　台湾はパリ条約には加盟していないが世界貿易機関（WTO）には加盟しているため、知的所有権の貿易関連の側面に関する協定（TRIPS協定）第２条の規定により、所定の要件を満たせばパリ条約による優先権（国際優先権）を主張して商標登録出願を行うことができる[31]。また、所定の要件を満たせば、日本の商標法第９条に規定される「出願時の特例」に類似する、展覧会優先権を主張することもできる。

１．国際優先権

　国際優先権に関する要件は、商標法第20条で次のように定められている。

①　台湾と相互に優先権を承認する国又はWTO加盟国において、最初の出願であること[32]

②　最初の出願日から６カ月以内に台湾へ出願し、願書に必要事項を記載すること

③　最初の出願における商品・役務と同一の商品・役務の全て又は同一の商品・役務の一部について、同一の商標を出願していること

④　台湾での出願日から３カ月以内に、優先権証明書を提出すること

---

[31] TRIPS協定第２条には「加盟国は、第２部、第３部及び第４部の規定について、1967年のパリ条約の第１条から第12条まで及び第19条の規定を遵守する」と規定されている。よって台湾はパリ条約には加盟していないが、パリ条約による優先権を主張することができる。

[32] WTO加盟国でなく、かつ台湾と相互に優先権を承認していない国の出願人であっても、WTO加盟国内に住所又は営業所がある場合、国際優先権を主張することができる。

　上記①に関し、外国出願人が WTO 加盟国の国民ではなく、かつ外国出願人の属する国と台湾が相互に優先権を承認していなくても、互恵国（台湾と相互に優先権を認める国）又は WTO 加盟国の領域内に住所又は営業所を有する場合、優先権を主張することができる[33]。

　上記②の優先期間の要件に関し、台湾へ出願したと認められるためには出願日が認定されなければならない。優先権の基礎出願から 6 カ月以内に台湾特許庁へ願書を提出したが、優先権の基礎出願から 6 カ月以内に台湾で出願日が認定されない場合（例えば願書に出願人が記載されていない、商標が記載されていないなど）、②の要件を満たさないため優先権の主張は認められない。

　また、台湾での出願時に、願書において第一国出願の出願日、第一国出願の国名又は地域名及び第一国出願の出願番号を記載しなければならない。なお、願書において第一国出願の出願番号について記載されていなくても、第一国出願の出願日、第一国出願の国名が記載されており優先権証明書を期限内に提出すれば、優先権の主張は認められる[34]。

　上記③における指定商品・役務の要件に関し、台湾では複合優先及び部分優先のいずれも認められる。すなわち複数の第一国出願を基礎として優先権を主張する複合優先や、第一国の出願における指定商品・役務に新たな商品・役務を追加し、優先権を主張する部分優先が認められている。複合優先の場合、願書の指定商品・役務の記載は、どの指定商品・役務がどの第一国出願の優先権を主張するか明記しなければならない。

　上記④の優先権証明書は原本を提出するか、カラースキャンしたコピーでの提出が認められている[35]。

---

[33]　商標法第 20 条第 2 項
[34]　商標法第 20 条第 5 項
[35]　商標法施行細則第 4 条

国際優先権の主張が認められた場合、台湾における出願日は優先日（第一国出願の出願日）が基準となる[36]。複数優先の場合、それぞれの商品・役務について優先日が基準となる。部分優先の場合、第一国の出願に含まれていない商品・役務について優先権の主張は認められない。

2．展覧会優先権

展覧会優先権は商標法第21条に規定されている。「台湾政府が主催又は許可した国際展覧会に出店した商品又は役務について使用をした商標について、当該商品又は役務の出展日から6カ月以内に出願をしたときは、その出願日は出展日を基準とする」。この規定は日本の商標法第9条に規定されている「出願時の特例」に類似するものである。

「国際展覧会」は台湾で行われたものに限らず、台湾以外で行われたものを含む。展覧会優先権に係る要件及び手続きに関する規定は、国際優先権のものが準用されている。

展覧会優先権の主張が認められた場合、台湾での出願日は展覧会の出展日が基準とされる。

第四節　出願日の認定、出願に必要な書類

1．出願日の認定

台湾でも日本と同様、商標法において「先願主義」が採用されているため、出願日の認定は非常に重要である。

商標登録出願をする場合、出願人、登録を受けようとする商標及び指定商品・役務を記載した願書を提出しなければならず、願書が提出された日を出願日とする、と規定されている[37]。つまり、願書において出願人、登録を受けようとする商標及び指定商品・役務のいずれかが記載されていな

---

[36]　商標法第 20 条第 6 項
[37]　商標法第 19 条

い場合、出願日は認定されない[38]。この場合、後日出願人が不足事項を補完した日が出願日と認定される。出願言語は中国語と定められているため、出願人は指定商品・役務の名称を中国語以外の言語で記載してはならない。指定商品・役務が外国語で記載されている場合は出願日の認定はされず、出願人が中国語の指定商品・役務を補完した日が出願日と認定される[39]。また、既に述べたように、台湾の商標法における出願及びその他手続きの書類提出の効力発生時期は原則として到達主義が採用され、台湾特許庁に到達した日（オンライン出願の場合、台湾特許庁のシステムがファイルを受領した日）が基準とされる。例外として郵送の場合は消印（通信日付印）に示された日が基準とされる。

２．出願に必要な書類

出願に必要な書類について説明する。

（1）願書

願書は商標登録出願に必須の書類である。願書には必須事項として、登録を受けようとする商標、商標の名称、出願人の情報及び指定商品・役務がある。その他、必要に応じて記載する事項として、代理人の情報、優先権の情報や権利不要求（ディスクレーム）などがある。

<u>商標（必須）</u>

商標は、はっきりと、明確に、完全に、客観的な、持久性があって理解しやすい方式で示さなければならないと条文で規定されている[40]。非伝統的商標の場合、既に述べたようにそれぞれのタイプに応じて必要事項を願

---

[38] 願書に指定商品・役務の区分のみが記載され、指定商品・役務の名称が記載されていない場合も、出願日は認定されない。また、指定商品・役務の名称は具体的に記載しなければならない。記載が具体的でない場合（例えば、「本区分に属する全ての商品」等）、出願日は認定されない。

[39] 商標法第19条第2項、商標法施行細則第3条

[40] 商標法第19条第3項。なお持久性の要件を満たさないものの例として、写真を商標として出願した場合が挙げられる。

書の商標記述欄に記載しなければならない。

<u>商標の名称（必須）</u>

　願書には商標の名称を記載しなければならない。日本にはない規定なので注意が必要である。商標の名称は中国語、英語又は日本語によって、全角30文字以内で記載しなければならない。この商標の名称は商標の権利範囲には影響を与えず、単に台湾特許庁内部のデータ処理等のための項目である。実際の記載方法であるが、文字商標の場合は当該文字を、図形商標の場合は「圖形（中国語）」、結合商標の場合は例えば「ABC 及圖（中国語）」などと記載する。

<u>出願人の情報（必須）</u>

　出願人の情報として、出願人の国籍、名称、住所を記載しなければならない。出願人の中国語名称は必須記載事項である。よってカタカナや平仮名が含まれる名称は認められず、必ず対応する漢字（中国語）で記載する必要がある。出願人が外国法人である場合、「日商〇〇公司」や「英商〇〇公司」のように、中国語名称の前に「国籍名 + 商」を明記しなければならない。外国の自然人が出願人の場合、「日籍田中太郎（日は日本の意味）」あるいは、「美籍〇〇」（美は米国の意味）のように中国語名称の前に「国籍名 + 籍」を明記しなければならない。国籍名を明記する要件は近年設けられたものであるが、単に台湾特許庁の内部管理の便宜に資するための要件である。

　出願人が法人である場合、代表者の氏名を記載しなければならない。この代表者の氏名は委任状に記載される代表者の氏名と一致している必要がある。

<u>区分及び商品・役務（必須）</u>

　商品・役務の区分及び名称を記載しなければならない。日本でも採用している、いわゆるニース協定の国際分類が、台湾においても採用されている（詳細は本章第五節を参照）。

<u>代理人の情報</u>

　台湾に住所又は営業所を有しない出願人の場合は、代理人の情報を記載しなければならない。

優先権の情報

国際優先権を主張する場合、第一国出願の出願日、第一国出願の国名又は地域名及び第一国出願の出願番号を記載する。展覧会優先権を主張する場合も同様に、出展日及び展覧会名称を記載する。

権利不要求（ディスクレーム）

商標に識別力を有しない部分が含まれる場合、出願時において自発的にディスクレームをすることが可能である。この場合、願書にどの部分についてディスクレームをするか記載する。

なお、ディスクレームは審査段階で台湾特許庁からの通知を受けた後に行うことも可能である。ディスクレームについての詳細は第三編第一章第一節 3 を参照されたい。

(2)　委任状

台湾に住所又は営業所を有しない出願人の場合は、代理人を指定するとともに委任状を提出しなければならない。委任状は原本を提出してもよいが、コピーによる提出も認められている。

委任状の押印について[41]、日本企業が出願人の場合は原則として社印及び代表社印の押印が必要である。代表社印として法人名のみが刻印されたものは認められない。代表者印の代わりとして、代表者によるサインも認められる。この代表者は、法人の代表取締役に限らず、知的財産権に関する権限を持つ者であればよい。ただし、委任状に記載される代表者と願書に記載される代表者は一致している必要がある。

委任状の提出期限は条文や施行細則では規定されておらず、台湾特許庁による審査段階で補正通知が発行され、その通知書において委任状の提出期限が指定される（在外人の場合は 2 カ月）[42]。

---

[41]　「商標登録出願手続き審査基準」第七章 3.1
[42]　ただし、この期限は 2 カ月の延長が可能であり、延長可能回数は審査官の裁量による。延長申請後に台湾特許庁から再度の延長は不可と通知されるまでは延長が可能である。1 回の延長は認められるが、その後の延長可否は不透明である。

(3) 優先権証明書

国際優先権や展覧会優先権を主張する場合は、出願日から 3 カ月以内に優先権証明書又は展覧会の証明書を提出しなければならない。委任状と同様に原本を提出してもよいが、コピーによる提出も認められている。展覧会の証明書には、以下の①から③の事項が含まれていなければならない[43]。

① 展覧会の名称、場所、主催者名及び商品・役務の 1 回目の展示日

② 出展者の氏名又は名称及び出展商品又は役務の名称

③ 出展した商品・役務の写真、カタログ、宣伝パンフレット又はその他出展内容を証明する文書

3．庁費用（台湾特許庁手数料）

以下は2020年 7 月時点における商標出願登録その他手続きに関する庁費用の一覧である。以下に、商標及び団体商標の出願庁費用、団体標章及び署名標章の出願庁費用、出願庁費用の割引、登録庁費用、更新登録庁費用を示す。

表 3　商標及び団体商標の出願に係る庁費用

項目	庁費用	備考
出願	3000元／区分	
指定商品超過	200元／個	第 1 類から第34類で、 1 類当たりの商品数が20個を超えた場合
指定役務超過（小売役務）	500元／個	第35類の役務のうち、特定商品の小売り役務の役務数が 5 個を超えた場合[44]

---

[43] 商標法施行細則第 21 条

[44] 第 35 類の役務であっても特定商品の小売り役務でないもの、例えば広告業や職業のあっせんなどは超過庁費用の対象外である。

表4　団体標章及び証明標章の出願庁費用

項目	庁費用	備考
出願	5000元／件	区分を指定するものではないため、件数ごとに費用が発生。

表5　出願庁費用の割引

項目	割引額	備考
オンライン出願	300元／件	1件当たり300元が割引。区分当たりではない点に注意。
指定商品・役務の規範名称[45]	300元／区分	指定商品・役務が全て台湾特許庁の規範名称である場合、1区分当たり300元が割引。

表6　登録庁費用

項目	庁費用	備考
登録（商標、団体商標）	2500元／区分	
登録（団体標章、証明標章）	2500元／件	

表7　更新登録庁費用

項目	庁費用	備考
更新登録（商標、団体商標）	4000元／区分	
更新登録（団体標章、証明標章）	4000元／件	

参考までに、以下に庁費用の計算例を示す。

庁費用の計算例

　商標「ABC」を第1類（15個の商品、非規範名称あり）、第3類（22個の商品、非規範名称あり）、第36類（30個の役務、すべて規範名称）などを指定してオンライン出願する場合、出願費用及び登録料は以下

---

[45]　規範名称については本章第5節を参照。

のとおりとなる。

　　出願費用

　　第 1 類：3000元

　　第 3 類：3000元 + 超過費用200元×(22−20) = 3400元

　　第36類：3000元 − 規範名称割引300元 = 2700元

　　オンライン出願による割引：300元

　　<u>合計　8800元</u>

　　登録料

　　第 1 類：2500元

　　第 3 類：2500元

　　第36類：2500元

　　<u>合計　7500元</u>

第五節　指定商品・役務

1．指定商品・役務について

　商標登録出願は、使用する商品又は役務を指定しなければならないと規定されている[46]。そして台湾の指定商品・役務は、「標章の登録のための商品及びサービスの国際分類に関するニース協定」に基づく分類が採用され、第 1 類から第34類までが商品分類、第35類から第45類までが役務分類である。商標の権利範囲は、登録された指定商品又は役務について決められる[47]。

　出願の際の商品・役務においては、使用している又は使用を予定してい

---

[46]　商標法第 19 条第 1 項。また、日本と同様に、商品又は役務の類似の認定は、商品又は役務の分類の制限を受けないとも規定されている（商標法第 19 条第 6 項）。

[47]　商標法第 35 条第 1 項

るものを指定する必要がある。そして指定商品・役務の名称は具体的に列挙しなければならないと施行細則に規定されている[48]。台湾では指定商品・役務の記載に関する不備は拒絶理由には挙げられていない。審査において審査官が指定商品・役務の記載が具体的ではないなどの不備を発見した際は、補正通知が発行される。出願人は補正通知で指定された期間（在外者の場合は2カ月）に指定商品の補正等の応答をすることができ、期間内に応答がされなかった場合には出願は不受理となる。

　指定商品・役務の記載方法に関して、条文では具体的でなければならないと規定されているにすぎず、具体的であるか否かの判断は審査官の裁量によるところが大きい。ただし、後述する台湾特許庁発行の商品及び役務分類から相互検索参考資料（中国語：商品及服務分類暨相互檢索參考資料（以下、「商品・役務相互検索参考資料」という）に記載されている商品・役務名称（規範名称）は、補正通知が発行されることなく受け入れられる名称である。したがって、早期権利化や応答費用削減を望む場合には、商品・役務相互検索参考資料に記載されている規範名称から指定商品・役務を選択することが考えられる。指定商品・役務の全てがこの規範名称である場合、出願に係る庁費用が300元減額されるというメリットもある。

　また、台湾特許庁が過去に多数受け入れた商品・役務名称については、新たな出願において審査官が受け入れる可能性が高い。ただし、多数の受け入れ実績があるものでも、審査官によっては受け入れないおそれは存在するので注意が必要である。

　最後に、日台双方の出願人の商標権の迅速な取得に資するため、日本と台湾の類似群コードの対応関係を示す一覧表「日台類似群コード対応表」（図7）というものが、日本特許庁及び台湾特許庁から定期的に公表されているので、参照されたい[49]。

---

[48]　商標法施行細則第19条第1項
[49]　2021年1月時点での最新版はニース国際分類［第11-2021版］対応版である。
　　　日本特許庁が公表したURLは https://www.jpo.go.jp/system/trademark/gaiyo/bunrui/kokusai/jpo_tipo-ruiji2021.html

Class	BasicNo.	WOW - Goods and Services WCL(12-2021)	Acceptable or not by the JPO	Japanese Translation	JPO's similar group code	Acceptable or not by the TIPO	Chinese Translation	TIPO's similar group code
01	010001	combusting preparations [chemical additives to motor fuel]	○	液製機器内用添加剤	01A01	○	可燃製劑（汽車燃料用化學添加劑）	0103
01	010002	adhesives for industrial purposes	○	工業用接着剤	01A03	○	工業用黏着劑	0111
01	010003	salt for preserving, other than for foodstuffs	○	保存用塩（食品の保存に用いられるものを除く。）	01A01	○	非食品保存用鹽	0101
01	010004	auxiliary fluids for use with abrasives	○	研削用補助液	01A01	○	研磨用輔助液	0101
01	010005	vulcanization accelerators	○	加硫促進剤	01A01	○	硫化促進劑	0101
01	010006	anti-frothing solutions for batteries	○	蓄電池用消泡剤	01A01	○	蓄電池用消泡防止劑	0101
01	010006	anti-frothing solutions for accumulators	○	蓄電池用消泡剤	01A01	○	蓄電池用消泡防止劑	0101
01	010007	acetates [chemicals]*	○	酢酸塩	01A01	○	醋酸鹽（化學品）*	0101
01	010008	acetate of cellulose, unprocessed	○	未処理酢酸セルロース	01A01	○	未加工醋酸纖維素	0101, 0110
01	010009	bacteriological preparations for acetification	○	酢化用バクテリア調製剤	01A01, 33D05	○	醋化用細菌製劑	0101
01	010010	acetic anhydride	○	無水酢酸	01A01	○	醋酸酐	0101
01	010011	acetone	○	アセトン	01A01	○	丙酮	0101
01	010012	acetylene	○	アセチレン	01A01	○	乙炔	0101
01	010013	acetylene tetrachloride	○	四塩化アセチレン	01A01	○	四氯化乙烷	0101
01	010014	acids*	○	酸類*	01A01	○	酸類*	0101
01	010015	chemical condensation preparations	○	凝縮	01A01	○	化學凝結劑	0101
01	010016	acid proof chemical compositions	○	耐酸性化学合成物	01A01	○	耐酸性化學合成劑	0101
01	010017	finishing preparations for use in the manufacture of steel	○	鋼製造用仕上剤	01A02	○	鋼製造用加工處理劑	0101
01	010018	actinium	○	アクチニウム	01A02	○	錒	0101

図 7　日台類似群コード対応表（ニース国際分類［第11-2021版］対応）

2．商品・役務の類似群について

　上述したように、台湾特許庁は「商品・役務相互検索参考資料」という
ものを公表している。

図 8　商品・役務相互検索参考資料

　これは日本の「類似商品・役務審査基準」に相当するものである。各商
品・役務の類似関係を整理した資料であり、ニース分類に基づいて分類が
されている。さらに商品・役務について類似するものはグループとしてま
とめられ、同じ「類似群コード」が付けられている。同じ類似群コードが
付けられた商品・役務は、審査において原則として類似と認定される。つ
まり、出願前の調査においてはこの類似群コードに基づき調査範囲を選定
することで、どのような先行類似商標が存在するのかを把握することがで

きる。この類似群コードは日本の類似群コードをイメージすれば分かりやすいが、異なる点や注意すべき点があるので以下に紹介する。

　まず、台湾の類似群コードは大分類、中分類、小分類の3つの階層により構成されている。そしてこれら3つの階層は各2桁の数値が割り振られている。例えば、化粧水という商品の場合、大分類は03（第3類）、中分類は01（化粧品、シャンプーなどのグループ）、小分類は01（化粧品のグループ）に属するため、類似群コードは030101となる。この類似群コードは化粧水のほか、香水、乳液、口紅などの商品も含まれる。

　また、実際には小分類が存在しない、つまり類似群コードが4桁の場合のほうが多い。表中における中分類の香料には、小分類は存在しない。この類似群コード0303には香料、合成香料、精油、花のエキスを抽出してなる香水などの商品が含まれる。

表8　類似群の分類例（第3類の一部）

大分類 （区分）	中分類 （中類似群）		小分類 （小類似群）	
03	01[50]	化粧品、染毛剤、シャンプー、身体用洗浄剤（ヒト用）など	01	化粧品
			02	染毛剤、シャンプー
			04	身体用洗浄剤（ヒト用）
	02	家庭用洗浄剤、つや出し剤、家庭用脱脂剤など	01	家庭用洗浄剤
			02	つや出し剤など
			03	家庭用脱脂剤
	03	香料	（なし）	

　1つの商品・役務に対して複数の類似群コードが付されている場合もある。「乳製品」という商品は290101、290103及び2903の3つの類似群コードが付されている。よって「乳製品」は原則として290101、290103、2903という3つの類似群コードに属する商品と類似すると認定されることにな

---

[50]　0301の小分類に03は存在しない。

る。

　日本の「備考類似」に類するものが台湾の「商品・役務相互検索参考資料」にも規定されている。「商品・役務相互検索参考資料」において備考欄が設けられ、ここには主に区分を超えた他類間類似に関する記載がされている。例えば、第18類の類似群コード1804「皮革、擬革」グループの下部には、備考欄に「皮革、擬革グループの全ての商品は、2401『布地』グループの全ての商品を検索する必要がある」と記載されている。簡潔にいえば、類似群コード1804「皮革、擬革」グループの商品は、類似群コード2401「布地」グループの全ての商品と類似する、という意味である。

　ここで注意すべきは、日本の備考類似は審査時には考慮されず、情報提供や異議申立てや無効審判の際に対象とされるが、台湾ではこの備考類似は審査の際にも考慮されることである。よって、異なる類似群が付けられている商品・役務が常に相互に非類似とは限らない。

3．指定商品・役務の補正通知への対応

　指定商品・役務が「商品・役務相互検索参考資料」記載の規範名称ではない場合、審査官は当該商品・役務が具体的であるかどうかを審査し、具体的ではないと判断した場合、出願人に対し補正通知を発行する。補正通知には、審査官が受け入れ可能と考える提案補正名称が示されていることもあるが、単に「意味不明」や「意味が広範過ぎる」としか示されない場合もある。審査官の提案名称では出願人の商品・役務を保護できない場合や、提案名称が示されていない場合には、代理人を通じて審査官と直接連絡を取ることが必須となる。また、必要に応じて指定商品・役務に係る書類やカタログ、商品・役務の紹介資料等を提供することができる。

第三章　出願手続きの補正、分割

　出願人の名称、住所、代理人などの事項に変更があった場合、審査中であれば台湾特許庁へ補正手続きを行わなければならない。同一出願人による複数の商標登録出願について、出願人の名称、住所、代理人などの事項を補正する場合、1つの申請書により手続きを行うことができる[51]。

　このうち出願人の名称の変更について（権利主体の変更を伴わない、出願人名称の変更）、出願人が外国法人の場合は出願人名称手続きの際には証明文書の提出が必要である。この証明文書の提出が必要となるのは出願人の英語名称に変更があった場合である。よって、出願人の英語名称ではなく中国語名称のみを変更する場合は、証明文書の提出は不要である。

　その他の事項に対する補正（商標の変更、指定商品・役務の減縮）、誤りの訂正については以下に説明する。

1．商標の変更

　原則として、商標は出願後に変更することができない[52]。出願人が出願日を取得した後に商標や指定商品・役務の範囲を変更し、それにより他の出願人の権利に影響を与えることを防ぐためである。

　例外として、商標に実質的な影響を与えない変更は認められている。認められる補正として、商標法施行細則には以下のものが挙げられている[53]。

　① 識別力を欠く又は公衆に商品又は役務の性質、品質もしくは産地に

---

[51]　商標法施行細則第 25 条第 2 項
[52]　商標法第 23 条
[53]　商標法施行細則第 24 条第 1 項

　ついて誤認誤信させるおそれがある部分の削除[54]

② 商品の重量又は成分表示、代理業者又は販売者の電話、住所若しくはその他の情報事項の削除

③ Ｒマーク（®）又は TM マーク（™）の削除

④ 商標に属さない部分を波線で示す

　上記①の場合、商標の変更により消費者に与える出所の印象が変化する場合は、当該変更は認められない。

　ただ、いずれの場合であっても、「商標の変更により消費者に与える出所の印象が変化しない」という要件を満たす限り、商標の変更は認められることが多い。なお、商標を変更する際には、当然ながら変更後の商標を改めて提出しなければならない。

　また、商標法では出願事項における誤りであって、商標の同一性に影響を与えない訂正も認められている[55]。この訂正は商標に対しても認められるものであり、例えば商標の向きが明らかに上下左右逆である場合や、出願人の企業名称の一部を商標とするつもりが一部誤りである場合など、状況に応じて申請又は職権で商標の訂正が認められる。

２．指定商品・役務の減縮

　指定商品・役務については出願後に縮減することができる。指定商品・役務の減縮は出願後に自発的に行うことも、また、拒絶理由通知の受領後に行うこともできる。ただし、指定商品・役務の減縮は拒絶査定後に行うことはできない[56]。また、登録査定後も指定商品・役務の減縮を行うことはできないが、登録後に別途庁費用を納めて指定商品・役務の減縮手続きを行うことは可能である[57]。

---

[54] 例えば食品における「有機」や「新鮮」という文字など。

[55] 商標法第 25 条

[56] 商標法第 31 条第 3 項。拒絶査定後の訴願や行政訴訟などの行政救済手続き中でも、行うことはできない。

[57] 「商標登録出願手続き審査基準」第十二章 2

3．誤りの訂正

　2011年の商標法改正により、以下のとおり誤りの訂正に関する規定が追加され、それぞれ申請又は職権による訂正が認められている[58]。

　① 出願人名称又は住所の誤り

　② 文字用語又は記載の誤り

　③ その他明らかな誤り

　訂正手続きの際は原則として証明書類の提出は不要である。しかし、台湾特許庁が訂正内容について規定を満たすかどうか疑問を抱いた場合、証明書類の提出や訂正内容に関する説明を求められる場合がある[59]。

　訂正申請は商標の同一性に影響を与えず、かつ指定商品・役務の範囲を拡大してはならない[60]。例えば、指定商品「化粧品。すなわち乳液、化粧品」という記載を「化粧品。特に乳液、化粧水」とする訂正は、指定商品・役務の範囲を拡大するものであるため、認められない。

第二節　分割、出願人名義変更、出願の取下げ

1．出願の分割

　2つ以上の指定商品・役務がある出願の場合、この出願を2つ以上の別の出願へと分割することができる[61]。適法な分割の場合、原出願の出願日が分割された出願の出願日となる。原出願で国際優先権や展覧会優先権を主張していた場合、分割後の出願でも援用することができ、改めて優先権を主張する必要はなく証明書の提出も不要である。

---

[58]　商業法第 25 条
[59]　商標法施行細則第 26 条
[60]　商業法第 25 条第 2 項
[61]　なお、台湾における商標の出願の分割は、元の出願が残るか否かの形式が日本とは異なる。例えば、指定商品 X、Y の原出願 A から指定商品 X の出願へと分割する場合、台湾では原出願 A は台湾特許庁に係属しなくなり、新たに指定商品 X の出願 B と指定商品 Y の出願 C が発生する。日本の場合、原出願 A は指定商品 Y としてそのまま残るので注意が必要である。

　出願の分割が可能な時期は指定商品・役務の減縮と同様、拒絶査定前である（拒絶査定後の訴願や行政訴訟などの行政救済手続き中も分割不可）。「出願が審査、審判、再審に係属している場合、又は拒絶審決の取消訴訟が裁判所に係属している場合」という日本における分割出願が可能な時期とは異なる点に注意が必要である。分割後の各出願における指定商品・役務は重複があってはならず、また、原出願の指定商品・役務の範囲を超えてはならない[62]。

　拒絶理由通知において、拒絶理由が通知された指定商品・役務とそれ以外の指定商品・役務に分割する際や、出願後における管理上の必要性から、出願の分割が利用される。

２．出願人名義変更

　商標登録出願により生じた権利は他人に移転することができる。ここでは出願してから登録前の段階における商標登録出願により生じた権利の移転、すなわち出願人名義変更について説明する（商標登録後の商標権の移転については第四編第四章第一節を参照）。出願人名義変更手続きにおいては、申請書に加え、譲渡人及び譲受人の双方による署名又は押印がされた譲渡証明書、合併・買収の証明書などの証明書類を添付しなければならない[63]。なお、主体は変更せず単に名称のみが変わる場合、例えば株式会社から合同会社への変更などは、出願人名義変更ではなく出願人名称の変更手続きを行う必要がある。

３．出願の取下げ

　査定又は処分前であれば、いつでも出願の取下げを行うことができる。出願の取下げは口頭では認められず、必ず台湾特許庁に書面を提出しなければならない（オンライン手続き可）。また、書面には出願人による署名又は押印が必要である。書面が台湾特許庁に送達されると取下げの効力が生じる。

---

[62]　商標法施行細則第 27 条第 2 項
[63]　商標法第 27 条、商標法施行細則第 28 条

第三節　共同出願における各種手続き

　複数人が共同で商標登録出願を行った共同出願の場合における各種手続きについて説明する。

1．出願の取下げ

　共同出願の取下げは、共同出願人全員の同意を得て、共同出願人全員で取下げ手続きを行わなければならない。

2．指定商品・役務の減縮、出願の分割

　指定商品・役務の減縮及び出願の分割は、商標の権利範囲に影響を与えることから、共同出願人全員の同意を得て、共同出願人全員で減縮又は分割の手続きを行わなければならない[64]。手続きを行う際は共同出願人全員の署名、又は共同出願人全員の名前が記載された同意書を添付する必要がある。

3．商標の非実質的変更、誤りの訂正

　共同出願における商標の非実質的変更及び誤りの訂正は、商標の権利範囲に影響を与えないため、共同出願人全員の同意は必要ない。

4．出願人名義変更、出願により生じた権利の持分の移転

　共同出願における出願人名義変更及び出願により生じた権利の持分の移転には、共同出願人全員による同意書の提出が必要である。ただし、相続、強制執行、裁判所の判決その他法定事由により移転する場合は共同出願人全員の同意は必要なく、関連証明書類を提出して手続きを行うことができる[65]。

---

[64]　商標法第28条第5項
[65]　台湾特許庁ウェブサイト「出願中の商標は他人に移転できるか否か？出願人の会社名称又はその会社組織の種類に変更があった場合、どうすればよいか？」
https://topic.tipo.gov.tw/trademarks-tw/cp-508-858479-f30f7-201.html

こぼればなし

食用ゼリーとサプリメントは、指定商品の類似といえるか？

　コンニャク等を材料とする食用ゼリーについて、以前から健康増進やダイエットという効果をうたうものも少なくない。よって、食用ゼリーはサプリメントや栄養補助食品の一種と捉えている人もいるだろう。では、台湾における商標の指定商品において、食用ゼリーとサプリメント等は類似と判断されるのだろうか。食用ゼリーは第29類、サプリメントは第5類に属するが、原則に従い両者の類似群コードを見てみると、食用ゼリーの類似群コードは2905であり、サプリメントの類似群コードは0503である。よって、台湾特許庁の審査では、両者は非類似と判断される。

　実際に、食用ゼリーとサプリメントの類否が争われた異議申立事件の行政訴訟（知的財産裁判所2020年行商訴字第16号）があり、そこで裁判所は類似群コードの相違を指摘しつつ、さらに「本件商標の指定商品（食用ゼリー）は一般消費者の日常生活における食の需要を満たすために提供されるものであるが、引用商標1及び2の指定商品（サプリメント等）は、特定消費者の身体機能向上、又は医療等の特殊な需要に応じて提供されるものであり、両者は商品内容、消費者群及び販売目的はいずれも異なり重複するものでもない。一般社会通念及び市場の取引状況によれば、両商標の指定商品は類似しない」と述べ、両者は非類似であると判断している。食用ゼリーはあくまで日常の食料品であり、健康食品の範疇にはないと裁判所は判断したようである。

　ただ、商品・役務の類否は時代の推移とともに変化するものである。将来、食用ゼリーに改良が加えられたり栄養補助食品としての認知が高まった際には、サプリメントと類似すると判断される日が来るかもしれない。

第四章　審査

第一節　方式審査及び実体審査

1．方式審査

　台湾特許庁へ商標登録出願がされると、まず方式審査が行われる。方式審査では願書の記載、庁費用の納付、必要書類の内容などについて審査がされる。方式審査で不備が認められた場合、出願人に対して通知を行う。通知を受けた出願人は指定期間内に補正をすることができる[66]。方式審査で不備がないか、補正により不備が解消した場合は、実体審査に入る。

2．実体審査

　実体審査では以下の登録要件について審査がされる。

　① 商標が識別力を有するか（商標法第29条第1項、第3項）

　② 商標にその他不登録事由がないか（商標法第30条第1項、第4項）

　③ その他（商標法第65条第3項）

　各登録要件の内容については、本書第三編で詳細に説明する。

　近年、審査期間は短縮傾向にあり、2019年の権利化までの平均期間は6カ月から7カ月である。商標審査期間の推移を図9に示す。一次審査通知とは、いわゆるファーストアクション（FA）を指す。

---

[66]　商標法第8条第1項

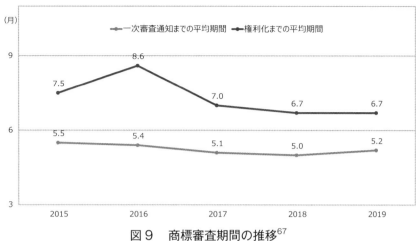

図９　商標審査期間の推移[67]

第二節　ファストトラック審査（加速審査）

　従来は日本の早期審査のような審査期間を短縮する方法は存在しなかったが（特許には特許審査ハイウェイ（PPH）や加速審査（AEP）が存在する）、2020年5月1日から商標のファストトラック審査が試行されている。台湾特許庁の公表内容[68]では、ファストトラック審査の要件を満たす出願の審査期間は約2カ月短縮されるとしている。ファストトラック審査は別途の申請や料金等は不要であり、以下の全ての要件を満たす出願は自動的にファストトラック審査の対象となる。

① オンライン出願であること
② 非伝統的商標、証明標章、団体標章及び団体商標でないこと
③ 指定商品・役務が全て台湾特許庁の規範名称であること
④ 料金納付方法が口座振替など指定のものであること
⑤ 代理人がいる場合は出願と同時に委任状を提出すること

---

[67]　出典：台湾特許庁 2019 年年報
[68]　https://www.tipo.gov.tw/tw/cp-85-873292-8eb88-1.html

　上記要件のうち、①及び④については出願の代理を行う代理人側への要件であるため、出願人側としては、②、③、⑤の要件を満たせば、ファストトラック審査の対象となる。

　ファストトラック審査の対象となった出願については、出願から1カ月後に台湾特許庁ウェブサイトのデータベースの当該出願のページに「ファストトラック」と表示される。現在、台湾の商標審査における平均 FA 期間は約5カ月であり日本と比べて短くなっているが、ファストトラック審査を活用することで更なる早期権利化が可能となる。

　注意点として、台湾特許庁公表資料によれば、委任状は出願と同時に提出しなかった場合であっても、出願日から20日以内に提出すればファストトラック審査の対象となる。また、優先権を主張する出願であっても、要件を満たせばファストトラック審査の対象となる。しかし、優先権基礎出願の指定商品・役務は台湾特許庁の規範名称にないものが多く、ファストトラック審査を利用するためには優先権基礎出願の指定商品・役務に含まれない商品・役務を指定することになる可能性が高い。なお、指定商品・役務の補正は減縮に限られるため、場合によっては一部の指定商品・役務は優先権の利益を享受できないこともあるので注意しなければならない。

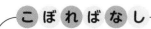

台湾特許庁年報（年次報告書）

　台湾特許庁は、2002年から毎年年報（日本でいう特許行政年次報告書に相当）を公布している。年報には、知的財産権の統計情報、法改正情報、予算統計、台湾特許庁における取組や国際交流状況などが紹介されている。ここでは、本書で取り上げていないものをいくつか紹介する。

　まず予算について、2020年における商標業務による歳入は8億8300万元（約32億円）、2016年の7億7700万元（約29億円）から年々増加している。台湾特許庁全体としては、2020年の歳入は合計42億9200万元、歳出は14億7600万元となっている。日本特許庁では、歳入減少が問題視されているが、台湾特許庁では歳入は2016年から年々増加している。

　台湾特許庁の人員について、職員合計数は788人、このうち男性は55%、女性は45%と女性の積極的な登用が見て取れる。商標に携わる職員数は110人であり、審査官（日本の審査官と審判官の両方に相当）は86人である。なお、この86人のうち23人は契約社員となっている。

　台湾への商標登録出願状況については、本書でも紹介しているが、年報では台湾から海外への商標登録出願件数統計が示されている。近年の台湾籍出願人による五大特許庁への商標登録出願件数は、下表のとおりである。中国への出願数が最も多いが、日本への出願数も上昇傾向にあり、2019年には1,000件を超えている。

	2016年	2017年	2018年	2019年
米国	1,610	1,734	1,965	2,004
日本	699	730	907	1,058
EUIPO	610	655	667	718
韓国	411	417	488	475
中国	19,229	20,308	23,356	19,719

第五章　行政救済（訴願、行政訴訟）

　　ここでは審査における拒絶査定、及び異議申立ての決定、無効審判の審決、取消審判の審決に対する不服手続きである行政救済手続きについて述べる。

　　台湾での行政救済は訴願及び行政訴訟の2つの段階が存在する。拒絶査定、異議申立ての決定、審判の審決が下された場合、出願人は経済部の訴願審議委員会に対して訴願を提起することができる。商標手続きにおける訴願とは、台湾特許庁が商標案件について下した行政処分が違法又は不当であるため、自らの権利又は利益が損害を受けたと人民が考えた場合に提起することができるものであり、これは憲法により人民に付与された権利である[69]。

　　ここでいう訴願審議委員会は台湾特許庁とは異なる機関である。日本では審査及び拒絶査定後の不服審判は、いずれも特許庁で行われるが、台湾では審査は台湾特許庁が行い、その後の救済手続きは別の機関が担っている。

　　訴願の審理の結果、訴願に理由がない（つまり、行政処分に違法性及び不当性がない）と判断された場合、棄却の決定が下される。この決定に不服がある場合、知的財産及び商事裁判所に対し行政訴訟（第一審）を提起することができる。知的財産及び商事裁判所による審理の結果、原告の訴えに理由がないと判断された場合、請求棄却判決が下される。そしてこの請求棄却判決にも不服がある場合、最高行政裁判所に上告することが可能である。

　　審査における拒絶査定、異議申立ての決定、無効審判の審決、取消審判の審決に対する行政救済の流れを図10に示す。

---

[69]　訴願法第1条、憲法第16条

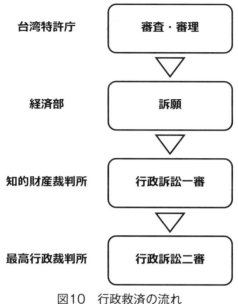

図10　行政救済の流れ

第一節　訴願

1．訴願の対象となる行政処分

　商標手続きにおいて台湾特許庁が下した行政処分に不服がある場合は、訴願を提起することができる。訴願の対象となる行政処分には拒絶査定、異議申立ての決定、審判の審決に加えて、出願の不受理がある。

　出願の不受理について、商標法第8条には以下のとおり規定されている（別に規定がある場合を除く）。

　① 法定期間の徒過

　② 法定手続きを満たさず補正ができない

　③ 法定手続きを満たさず指定期間内に補正がされない

　例えば、指定商品の補正通知では、出願人が在外者の場合2カ月の指定期間内に補正をするよう求める通知がされるが、この通知に対して応答がなかった場合は出願が不受理となる。

　行政処分に該当しないものの例としては、拒絶理由通知や更新登録を行わなかったため商標権が消滅した際の商標権消滅通知などがある。

2．訴願の審理機関

　訴願の審理機関は台湾特許庁の上級機関である経済部で、具体的には経済部の「訴願審議委員会」である。訴願の審理機関「台湾経済部訴願審議委員会」は約20名の委員からなり、委員は訴願審議委員会内部の上級職員、招聘された社会公正人物（司法改革委員会の長官など）、学者、専門家らが務める。そのうち、社会公正人物、学者、専門家の人数は委員総数の2分の1未満であってはならない[70]。

3．訴願人

　商標手続きにおける訴願人（訴願を提起する者）は、台湾特許庁が下した行政処分に不服がある者である。例えば、拒絶査定を受けた出願人、異議申立ての決定や審判の審決を受けた者（商標権者、異議申立人、審判請求人）である。それ以外の者、例えば利害関係人や全く利害関係のない第三者は、行政処分を受けた当事者でないため、訴願を提起することはできない。

4．訴願代理人

　訴願人は、訴願の手続きを代理人に委任することができる。代理人への委任は任意であり、必ず代理人を立てなければならないわけではない。在外者の場合も訴願を提起するに当たり、代理人に委任することは必須とはされていないが、訴願審議委員会からの書類が確実に訴願人に届くようにするため、送達受領代理人を指定しなければならない[71]。

---

[70] 訴願法第52条
[71] 訴願法第47条で準用する行政訴訟法第69条

　訴願の代理人となることができる者は、弁護士や当該訴願事件について専門知識を有する者などである[72]。訴願の手続きを代理人へ委任する場合は、訴願審議委員会へ委任状を提出しなければならず、出願時に台湾特許庁へ提出したものを援用することはできない。

5．訴願の提起期限

　訴願を提起する場合、行政処分の送達日の翌日から30日以内にしなければならない。また、訴願法の規定によれば、訴願が提起された日とは、原行政処分機関又は訴願受理機関が訴願書を受領した日が基準となる[73]。つまり、いわゆる発信主義ではなく到達主義が採用されている。期限を越えて訴願が提起された場合、訴願は不受理となる[74]。

　訴願は所定期限内に訴願を提起しなければならないが、この期限内に訴願の詳細な理由を記載した書面を提出しなかった場合であっても、訴願審議委員会からの通知書送達日から20日以内に当該書面を提出することができる[75]。また、委任状も同様に、通知書送達日から20日以内に提出することができる。

6．訴願の審理

　訴願が提起された場合、まず原処分機関である台湾特許庁が訴願に理由があるか否かを審理する。台湾特許庁が訴願に理由がないと判断した場合、答弁書を訴願審議委員会へ提出し、その後訴願審議委員会が訴願人による理由書及び台湾特許庁による答弁書を合わせて審理し、最終的な決定を下す。

---

[72]　訴願法第33条。このほか、法により訴願事件と関連のある代理人資格を取得した者、業務又は職務関係により訴願人の代理人である者、訴願人と親戚関係にある者と規定されている。

[73]　訴願法第14条第3項

[74]　訴願法第77条第1項

[75]　訴願法第62条

（1）台湾特許庁による審理

　訴願が提起された場合、まず原処分機関である台湾特許庁が訴願に理由があるか否か、つまり自身による行政処分に誤りがないかどうかを審理する。仮に訴願に理由があると台湾特許庁が判断した場合、台湾特許庁は自ら原処分を取り消すか変更することができ、原処分を取消し又は変更した場合はその結果を経済部に報告する[76]。一方、訴願に理由はないと台湾特許庁が判断した場合、台湾特許庁は答弁書を作成し訴願審議委員会へ提出しなければならない。

　なお、実務上、台湾特許庁が訴願段階で自ら原処分を取り消すことはまれである。

（2）訴願審議委員会による審理

　訴願審議委員会はまず訴願手続きに方式的な不備がないかどうかを審査した上で、実体審理を行う。実体審理においては、過半数の委員が訴願の審理に出席し、かつ出席した委員の過半数が賛成することによる決議を経て、最終的な決定が下される。

　訴願の審理は書面審理が原則である。ただし、訴願人から申立てがあった場合又は必要があると認める場合、職権により訴願人及び原処分機関に通知をした上で、口頭審理とすることができる。口頭審理は訴願審議委員会で行われる。なお実務上、口頭弁論が行われる場合というのは、訴願審議委員会が原処分の取消決定を下そうとする場合である。この場合を除いて口頭弁論が行われることはほとんどない。

　訴願の提起から決定が下されるまでの所要期間は一般的に6カ月から8カ月である。

7．訴願の決定

　訴願審議委員会は、方式的不備があると認めた場合は不受理決定を下

---

[76]　訴願法第58条第2項

す。方式審査で問題がなく、実体審理を経て訴願に理由がないと認めた場合は棄却決定を下す。訴願に理由があると認めた場合、原処分を取り消す決定、原処分を変更する決定、台湾特許庁へ差し戻す決定のいずれかを下す。

（1）棄却決定

実体審理において訴願に理由がない（つまり、原処分に違法性及び不当性がない）、又は原処分の依拠とされた理由は不当であるが、その他の理由に基づき原処分が正当であると認める場合、訴願審議委員会は棄却決定を下す。この棄却決定に不服がある場合、知的財産裁判所に対して行政訴訟を提起することができる。

（2）原処分取消決定

実体審理において訴願に理由がある（原処分に違法性又は不当性があり、事実証拠が明確である）と認める場合、訴願審議委員会は原処分取消決定を下す。例えば、異議申立てにおける取消決定や無効審判における無効審決に対する訴願において、訴願審議委員会が訴願に理由がない（商標権を維持すべきである）と認める場合、原処分を取り消す決定が下され、原処分が下される前の状態（商標権が維持された状態）に戻る。

（3）原処分変更決定

実体審理において訴願に理由があると認める場合、訴願審議委員会は状況に応じて原処分を変更する決定を下すことができる。ただし、訴願人が不服を示す範囲内において、さらに不利益となる変更又は処分をしてはならない。実務上、この原処分変更決定が下されることは非常にまれである。

（4）差戻決定

実務において訴願に理由がある場合に最もよく見られる決定である。実体審理において訴願に理由がある（原処分に違法性又は不当性がある）場

合、訴願審議委員会は原処分機関（台湾特許庁）に差し戻す決定を下すことができる。決定書の主文には「原処分を取り消す。原処分機関は別の適法な処理を行う」と記載される。

　訴願の決定も行政処分の一種であり、拘束力を有すると同時に、一事不再理原則が適用される。差戻しの決定後、台湾特許庁が改めて審理をする際には、訴願決定内容に拘束され、訴願決定内容に反する処分を下すことはできない。

8．訴願統計資料

　近年の訴願決定に係る統計データは図11のとおりである[77]。取消率はおおむね10％以下の値で推移しており、訴願において原処分が取り消される可能性は非常に低いことが分かる。なお、取消しには一部取消しを含み、棄却には不受理が含まれる。その他処分とは、訴願人による取下げや審理移管などが含まれる。

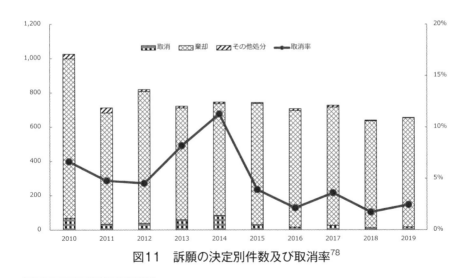

図11　訴願の決定別件数及び取消率[78]

---

[77]　台湾特許庁 2019 年年報

[78]　台湾特許庁 2019 年年報。
　　　取消率は「取消件数／（取消件数＋棄却件数＋その他処分）× 100」。

第二節　行政訴訟

　第一編で述べたように、商標手続きの行政訴訟に関し、出願後の拒絶査定、異議申立ての決定及び無効審判や取消審判の審決に対する不服申立ての手段として、訴願審議委員会に対して訴願を提起することができる。訴願において棄却決定が下された場合は、行政訴訟第一審を提起することができ、これは知的財産裁判所の管轄である。行政訴訟第二審は最高行政裁判所（法律審）で審理が行われる。以下では知的財産及び商事裁判所で行われる行政訴訟について、その概要を紹介する。

１．当事者及び参加人

　台湾の行政訴訟（日本の審決取消訴訟に相当）の当事者は原告、被告そして参加人である。被告に関し、日本では無効審判及び取消審判の審決取消訴訟の被告は相手方当事者、つまり商標権者又は審判請求人であるが、台湾では無効審判及び取消審判の審決取消訴訟の被告は台湾特許庁又は経済部となる。この場合、相手方当事者である商標権者又は審判請求人は参加人として訴訟の当事者となる。被告は台湾特許庁又は経済部と述べたが、これは行政訴訟の前段階である訴願の決定が棄却決定なのか、取消決定か変更決定なのかにより分けられる。訴願で棄却決定が下された場合、行政訴訟の被告は査定・審決・決定を下した台湾特許庁となる。訴願で取消決定か変更決定が下された場合、行政訴訟の被告は訴願の決定を下した訴願審議委員会の上級機関である経済部となる。

　以下、各状況における行政訴訟の原告、被告、参加人を表9にまとめる。

表9　行政訴訟の原告、被告、参加人

種類	訴願決定	原告	被告	参加人
拒絶査定	訴願棄却決定	出願人	台湾特許庁	-
	訴願取消・変更決定	出願人	経済部	-
異議申立維持決定	訴願棄却決定	異議申立人	台湾特許庁	商標権者
	訴願取消・変更決定	異議申立人	経済部	商標権者
異議申立取消決定	訴願棄却決定	商標権者	台湾特許庁	異議申立人
	訴願取消・変更決定	商標権者	経済部	異議申立人
無効審判維持審決	訴願棄却決定	審判請求人	台湾特許庁	商標権者
	訴願取消・変更決定	審判請求人	経済部	商標権者
無効審判無効審決	訴願棄却決定	商標権者	台湾特許庁	審判請求人
	訴願取消・変更決定	商標権者	経済部	審判請求人
取消審判維持審決	訴願棄却決定	審判請求人	台湾特許庁	商標権者
	訴願取消・変更決定	審判請求人	経済部	商標権者
取消審判取消審決	訴願棄却決定	商標権者	台湾特許庁	審判請求人
	訴願取消・変更決定	商標権者	経済部	審判請求人

2．訴訟の種類

　商標手続きの行政訴訟は、その性質から大きく「取消訴訟」（中国語：撤銷訴訟）と「義務付け訴訟」（中国語：課予義務訴訟）の2つに分けられる。「取消訴訟」は行政機関より下した処分の取消しを求める訴訟であり、例えば、異議申立取消決定、無効審判無効審決、取消審判取消審決に対する不服申立てとしての行政訴訟が挙げられる。「義務付け訴訟」は主に行政機関に対して行った申請手続きが認められなかったことに対する不服申立てとしての行政訴訟であり、給付の訴えの一種である。例えば、拒絶査定、異議申立維持決定、無効審判維持審決及び取消審決維持審決に対する行政訴訟が挙げられる。訴訟の種類が異なることで、裁判所が下す判決の形式も異なるものとなる。詳細は後述する。

3．行政訴訟の提起期限

　行政訴訟を提起する場合、訴願決定書の送達日の翌日から2カ月以内にしなければならない。

４．行政訴訟の審理

　行政訴訟は原則として口頭審理で行われ、例外的に書面審理が行われる。職権探知主義が採用されており、当事者の主張による拘束を受けることなく、裁判所は資料を職権によって積極的に収集することができる。また、職権証拠調べも認められており、裁判所は必要があると認める場合は、職権で証拠調べをすることができる。

５．判決

　「取消訴訟」について、原告の訴えに理由がないと認める場合、棄却判決が下される。一方、原告の訴えに理由があると認める場合、異議申立取消決定、無効審判無効審決又は取消審判取消審決を取り消す判決が下される。

　「義務付け訴訟」について、原告の訴えに理由がないと認める場合、棄却判決が下される。一方、原告の訴えに理由があり、かつ事実証拠が明確であると認める場合、被告（台湾特許庁又は経済部）に対し原告が求める行政処分を下すよう命じる判決が下される。原告の訴えに理由があるが事実証拠が明確ではないと認める場合、被告（台湾特許庁又は経済部）に対し判決の法律見解に基づき改めて処分を下すよう命じる判決が下される。

６．上告

　知的財産裁判所の判決に不服がある場合、最高行政裁判所に上告することができる。最高行政裁判所は法律審である。最高行政裁判所への上告は知的財産裁判所の判決の送達後20日以内に行わなければならない。

７．行政訴訟統計資料（知的財産裁判所）

　近年の知的財産裁判所における商標行政訴訟に係る統計データは図12のとおりである[79]。原処分取消率は10から25％の間で推移しているが、近年

---

[79]　台湾特許庁 2019 年年報

は上昇傾向にある。

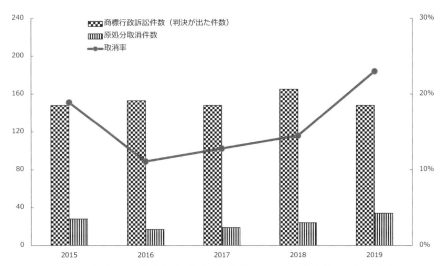

図12　知的財産裁判所商標行政事件原処分取消件数及び取消率

第三編

登録要件の審査

　本編では出願後の実体的要件、すなわち登録要件の審査について述べる。第一章では各登録要件の内容について説明する。そして第二章では台湾における一般的な拒絶理由通知について類型に分けて説明するとともに、拒絶理由通知に対する対応方法について述べる。同章第二節では情報提供制度について述べる。

第一章　登録要件

　出願後の審査では、まず必要書類等に関する方式審査が行われ、方式審査で問題がなければ実体審査に付される。実体審査では出願に係る商標が拒絶理由を有するか否かが審査され、拒絶理由が発見された場合、出願人に拒絶理由が通知される。

　商標法に規定されている拒絶理由は以下のとおりである。

① 識別力を有しない（商標法第29条第1項）

② 権利不要求（ディスクレーム）をしていない（商標法第29条第3項、第30条第4項）

③ 不登録事由に該当（商標法第30条第1項）

④ 類似商標の使用により混同誤認を生じた場合の取消審判後の原権利者による3年以内の出願（商標法第65条第3項）

　なお、台湾では「自己の業務に係る商品又は役務について使用」することは登録要件には含まれていない。よって、商標の使用及び使用の意思があるかどうかについて合理的疑義があるという理由により拒絶理由が通知されることはない。

　不登録事由は商標法第30条第1項第1号から第15号までにそれぞれ規定されており、主に日本商標法第4条第1項で規定されているものに対応するが、相違点も多く存在する。本書では代表的な拒絶理由である「他人の先願又は先登録商標と類似し混同誤認のおそれがある」「品質誤認」「他人の著名商標／標章と類似し混同誤認又は識別力の希釈化等のおそれがある」「他人の商標の意図的な模倣」について取り上げて説明し、残りの不登録事由については「その他不登録事由」として最後にまとめて紹介する。

第一節　識別力

「識別力」とは商標の商品又は役務の出所を示し、他人の商品又は役務とを区別する特性のことを指し[80]、識別力は商標登録を受ける上での積極要件である。識別力を有しない商標として、商標法第29条第1項に次のように規定されている。

① 指定商品又は役務の品質、用途、原材料、原産地又は関連特性を描写する説明のみからなるもの。(記述的商標)

② 指定商品又は役務の通用標章又は名称のみからなるもの。(通用標章、通用名称)

③ その他識別力を有しない標識のみからなるもの。(その他)

通用標章及び通用名称は、日本でいう普通名称及び慣用されている商標を合わせた概念に類似する。

識別力を有しない商標は登録を受けることができないのが原則であるが、いわゆる使用による識別力を獲得した場合は、登録を受けることができる。すなわち、商標が市場で使用された結果、関連消費者がそれを特定の出所を示す標識と見なしていることを出願人が立証した場合、商標登録を受けることができるようになる。このような識別力は「後天的識別力」又は「二次的意義（secondary meaning）」という（本書では「使用による識別力」という）。

どのようなものが識別力を有するか及び使用による識別力に関する判断基準は、「商標識別性審査基準」に規定されている。以下ではこの「商標識別性審査基準」の内容に基づいて、識別力及び使用による識別力の判断について具体的に説明する。

---

[80] 「商標識別性審査基準」1ページ

１．識別力の判断

　台湾特許庁では識別力の審査における判断の統一を図るため、「商標識別性審査基準」を公表し、実際の審査ではこの「商標識別性審査基準」の内容に基づく審査が行われている。「商標識別性審査基準」では、商標をその内容により類型化し、類型ごとに識別力の判断基準が規定されている。

　識別力の有無を判断する際には、以下が考慮される。

　① 商標と指定商品・役務の関係

　② 競争同業者による使用状況

　③ 出願人による使用方法及び実際の取引状況

　また、識別力判断においては、台湾の関連消費者の認知が基準とされる。ここでいう関連消費者には、指定商品・役務における実際の消費者のみならず、将来的な潜在消費者も含まれる。そして商品がより高価、専門的であるほど、関連消費者の商品に対する注意力が高くなるため、商品に使用された商標は、識別力を有しやすくなるとされている[81]。

　（1）文字

　指定商品又は役務の通用名称、又はその性質、機能又はその他の関連特性に関する説明的な文字の場合（いわゆる記述的商標）、識別性を有しない。文字が記述的か否かは、指定商品・役務との関係性が重要である。

　また、商品・役務の品質等の特性についての直接的な説明ではなく、それを間接的に表す又は暗示するものは、暗示的商標として識別力を有するとされる。

　ここで、商標が中国語以外の外国語である英語や日本語であっても、当該外国語が指定商品・役務に対して説明的なものであれば、識別力を有しないと認定されることが多いことに注意が必要である[82]。

---

[81]　「商標識別性審査基準」10 ページ

[82]　ただし、登山用リュックサックやキャンプ用リュックサックを指定商品とする「Mink」商標について識別力を有するとした裁判例もある（最高行政裁判所 2013 年判字第 526 号）。

■　BallDrive 事件（知的財産裁判所2018年行商訴字第45号）
結論：記述的商標であり、識別力なし

商標：# BallDrive

指定商品・役務：金属加工機械用回転テーブル、金属加工機械

判断

　本件商標「BallDrive」は「鋼球（スチールボール）／球状体／円形物による駆動」、すなわち「鋼球（スチールボール）／球状体／円形物により機械を駆動又は稼働させること」と解される。本件商標が「金属機械用回転テーブル、金属加工機械」に使用された場合、本件商標は商品の関連特性の説明にすぎず、出所を示す標識ではない。

　原告は本件商標「BallDrive」にはスペースがなく、これは１つの単語であり、商標を全体観察すべきであると主張する。しかし、本件商標の「B」及び「D」は大文字であり、本件商標はその構成から「Ball」と「Drive」の２つの単語を組み合わせた語であるという印象を消費者に与えるものであり、かつ２つの単語を組み合わせた後も特に新たな意味は生じていない。

　原告はまた、現在市場で「BallDrive」を商標として工作機械に用いているのは原告のみである、「BallDrive」は工作機械において一般的に使用される語ではなく識別力を有するなどを主張する。しかし、市場で新しく開発された商品又は役務について、商品又は役務の名称を付ける際にその名称が新しく考案されたものであっても、商品又は役務を直接的に説明するものである場合、商品又は役務の内容やその技術内容を容易に理解させることができ、また、他の同業者もこうした簡潔、明確、直接的な表現を使用する必要があることから、特定の者に独占排他権を与えるべきではない。よって商標が指定商品又は役務の関連説明であり識別性を有しないのであれば、たとえ他の同業者が商品又は役務の説明に同一文字を使用していなくとも、当該商標が商品又は役務の説明であるという本質は変わらない。

　商標の文字の意義が指定商品・役務の関連説明である場合、たとえ同業他社による使用の事実がないとしても、記述的商標であると認定されている。なお、本件において出願人は使用による識別力獲得も主張したが、裁判所は、本件商標は台湾の関連消費者に広く知れ渡っているとはいえないとして、原告の主張を退けている。

（2）アルファベット及び数字

　アルファベット1文字は原則として識別力を有しないと認定される。また、簡単なデザインが施されただけの場合も同様に原則として識別力がないと認定される。ただし、特殊なデザインや他の要素と結合された場合には、その程度により識別力を有すると認定される可能性が高まる。

　日本ではアルファベット2文字は原則として識別力を欠くと認定されるが、台湾ではアルファベット2文字や3文字以上の場合、記述的商標でなければ原則として識別力を有すると認定される。また、アルファベット2文字を「－（ハイフン）」でつなげたものも、日本と異なり、記述的商標でなければ原則として識別力を有すると認定される。

　数字は原則として識別力なしと認定される。ただし、特殊なデザインや他の要素と結合された場合には、その程度により識別力を有すると認定される可能性が高まる。なお「一」「二」など漢数字で書かれた数字の場合は、文字の審査原則が適用されることに注意しなければならない。

　アルファベットと数字の組み合わせの場合、指定商品の規格や型番、関連説明などでなければ、識別力を有すると認定される。

　台湾特許庁におけるアルファベット及び数字の識別力認定事例を表10にまとめた。

表10　アルファベット及び数字の識別力認定事例

番号[83]	商標	指定商品・役務(一部略)	認定	備考
T0295164	**E**	被覆溶接棒、糸はんだ、溶接棒	×	
審査基準	**D**	スーツケース、革財布、リュックサック	○	デザイン化により識別力あり。
01253802	**e**	革製バッグ、衣類、玩具など	○	デザイン化により識別力あり。
01109102	**A**	靴	○	デザイン化により識別力あり。
審査基準	SR	ハーブ飲料製剤、口内洗浄剤	○	
00893497	**E‑Z**	靴	○	
01345661	**(FC)**	傘、シャツなど	○	
審査基準	XXL	ひざ当て、手首保護サポーター	×	被服のサイズ(EXTRA, EXTRA LARGE) の意味である。
審査基準	ABM	サプリメント、栄養補助カプセル	×	「Agaricus blazei Murrill」(ヒメマツタケ) の略語である。
審査基準	TFT	液晶ディスプレー	×	「Thin‑Film Transistor」の略語である。
審査基準	**333**	炭酸水、ソーダ水	○	デザイン化により識別力あり。

---

[83] 番号は登録番号、Tで始まる番号は拒絶査定番号、「審査基準」とは「商標識別性審査基準」を指す。

審査基準	566	シャンプー	○	中国語の「566」の称呼は、「烏溜溜」（黒くて生き生きしている）と同じである。「566」はシャンプーに対して暗示的意義を有し、識別力を有する。
審査基準	315	穀物粉	×	
審査基準	57	ハンドバッグ、財布	×	デザイン化されてはいるが、消費者に与える印象は単純な数字にすぎない。
審査基準	SKⅡ	化粧品	○	化粧品は型番で内容を示すことはあまりない。
01530363	ロゴ	通販、ネットオークション	○	
T0376700	G9	携帯電話、ソフトウエア	×	
審査基準	RCR123A	電池	×	業界共通の充電式リチウムイオン電池の規格である。
審査基準	LU-933	布地裁断器	×	型番の印象を与える。

（3）図形

　図形は原則として識別性を有すると認定される。ただし、線からなる図形、幾何図形や装飾図形であって簡単なものや、商品自体の形状又は商品の重要な特徴の図形は、一般消費者に商品又は役務の出所を表示及び区別する標識と見なされないため、識別性を有しないとされる。

（4）地域名称

　地域名称の識別力について、その判断の原則は以下のとおりである。

　消費者が熟知している地域名称は、たとえその地域が特定商品の生産又は特定役務の提供において広く知られていない場合であっても、当該地域名称は消費者にとって単に地理的な位置を示すものである。よって、当該

地域名称を商品又は役務に使用したとしても、当該地域名称が消費者に与える印象は商品又は役務とその地域との関連説明にすぎないことから、当該地域名称は出所を識別する標識ではない。また、特定地域の外形輪郭（例えば、台湾の島を示した図形）も、地域名称と同様の判断基準が適用される。

　上述したように、地域名称は原則として識別力を有しないが、例外として地域名称と指定商品・役務との間に何の関連性もなく、消費者がそれを商品・役務と当該地域との関連説明とは見なさないと認められる場合、当該地域名称は「恣意的地域名称」に属し、識別力を有するとされる。「北極」は地球の北極点の周辺地域を指す地域名称であるが、「空調設備」等を指定商品とした場合、恣意的地域名称であるため識別力を有する（登録番号01714643）。

　地域名称と文字の組み合わせからなる商標の場合は個別具体的に判断されるが、商標が商品・役務と当該地域に関する説明の意義を離れたと認められる場合は、識別力を有すると判断される。例えば、登録番号01302876の

「　　　」という商標について「巴黎」はフランスの首都パリの中国語であり、「巴黎」という文字は指定商品：被服の生産地であると消費者に混同誤認させるおそれがあると認定されるが、「巴黎男孩（PARIS BOY）」という商標全体を見た場合、これはパリという地理的意義を離れ、ファッショナブルな少年という意義を有すると認められるため、識別力を有すると判断されている。ただし「PARIS」文字部分について、ディスクレームがされている。また、拒絶査定番号 T0357471 の「NEW YORK DESIGN CENTER」という商標は、広告スペースの貸与等役務に使用された場合、消費者にニューヨークという地域のデザイン展示場所という意味を与えるにすぎず識別力を有しないと判断されている。

　なお、地域名称と文字の組み合わせからなる商標の場合、識別力欠如に加え、品質誤認を生じるという拒絶理由にも該当するおそれがある。

事例紹介

　地域名称と文字の組み合わせからなる商標であるが品質誤認の拒絶理由には該当しないと判断された事例を以下に紹介する。（品質誤認の拒絶理由については本章第三節で述べる。）

■　Boy London 事件（知的財産裁判所2019年行商訴字第31号）
結論：混同誤認を生じない

商標：**Boy London**

指定商品・役務：眼鏡、眼鏡の小売りなど

判断

　台湾は非英語圏の国であるが、英語教育が広く普及していることを考慮すれば、我が国国民は基礎英語に対する認識及び単語を区別する能力を有しているはずである。本件商標「Boy London」の意味は「男子ロンドン」であり、アルファベット文字は頭文字や先頭の語を重視する傾向にあることから、人々が注目する部分は「Boy」であり、「London」ではない。「Boy London」という名称は商品の機能、用途、品質とは関連がないのみならず、一般公衆に知られている一般的な名詞でもないことから、本件商標が都市のロンドンの地名であると誤認誤信させるまでには至らない。

　本件商標において「London」は「Boy」の後ろに置かれている。関連消費者は本件商標を全体として認識するのであり、「London」又は「Boy」と分離して見るわけではない。

　原告は眼鏡商品の製造販売を行う著名企業であり、台湾においておよそ20年前から本件商標を眼鏡製品に使用しており、我が国の眼鏡市場において高い市場占有率を有している。こうした事実を勘案すれば、関連消費者は本件商標が原告の製造する商品や原告が提供する役務に使用されているものであることを熟知しているといえる。以上より、本件商標はイギリス又はロンドンと何らかの関係がある、又は産地や出所がロンドンと関連性

があると誤認誤信させるに至るとはいえない。

なお、地域名称により商品の産地又は役務の提供地を証明する場合は、「産地証明標章」として、商品又は役務の出所が団体の構成員であり商品又は役務の出所が特定の地域であることを示す場合には「産地団体商標」として登録を受けることができる（第二編第一章第一節 2 及び 4 を参照）。

(5) 氏、氏名、肖像

氏（名字）について、これが商品・役務に使用されたとしても単に商品・役務の生産者や提供者を示すにすぎず、出所を示す標識ではないため、氏は原則として識別力を有しない。また、氏の文字の後ろに「氏」「家」「記」を組み合わせたとしても、氏を示すものであることに変わりはないため、同様に原則として識別力を有しない。ただし、氏と他の文字を組み合わせたものである場合、単純な氏の意義を離れたと認められるため、識別力を有すると認定される。

氏名は原則として識別力を有するとされる。ただし、他人の著名な氏名、芸名、ペンネーム又は屋号を含む商標であって当該他人の同意を得ていないものは不登録事由として挙げられている（商標法第30条第 1 項第13号）。

また、著名な歴史上の人物の氏名について、当該歴史上の人物と指定商品・役務との間に関連性がある場合、記述的商標と認定される可能性がある。加えて歴史上の人物の氏名と指定商品又は役務との関連性において、侮辱や負のイメージを連想させる場合、公共の秩序又は善良な風俗を害する不登録事由（商標法第30条第 1 項第 7 号）に該当する[84]。

肖像は一般的に識別力が高いものである。しかし、他人の肖像を含む商標であって当該他人の同意を得ていないものは、氏名と同様に登録を受け

---

[84]　アップル社の共同設立者の 1 人であるスティーブ・ジョブズのジョブズの中国語名称「賈伯斯」について、スティーブ・ジョブズの逝去から 1 カ月以内に第三者が出願した件について、台湾特許庁は公共の秩序又は善良な風俗を害するという理由で拒絶査定を下している（拒絶査定番号 T0340748）。

ることができない[85]（商標法第30条第1項第13号）。出願人自身の肖像であれば基本的に識別力を有する。著名な歴史上の人物の肖像については、氏名の場合と同様の判断基準が適用される。

　書籍、映画、演劇等の作品におけるよく知られた人物の名称（例えば西遊記における孫悟空など）は、消費者に特定キャラクターの印象を与えるにすぎないため、通常は識別力を有しない。しかし、作品に登場する架空人物であって、その名称が鮮明なイメージを残し、出所表示機能を有すると認められる場合は、識別力を有するとされる。この場合、当該作品の著作権者又はその同意を得た者が、当該架空人物の名称について商標登録出願することができる。当該架空人物が著名であり、著作権者ではない者又は著作権者から同意を得ていない者が出願した場合、他人の著名商標と類似し、消費者に出所の混同誤認を生じさせる又は識別力を希釈化させるおそれがある不登録事由に該当することになる（商標法第30条第1項第11号）。

(6)　熟知されている書籍、映画等の作品名称

　熟知されている書籍、映画、演劇、楽曲等の作品名称は第9類のビデオテープ、第16類の書籍やそれらの小売役務等に使用されたとしても、消費者はそれが商品・役務の関連説明であると認識するにすぎず特定の出所を示すものであるとは認められないため、通常識別力を有しない。

　しかし、知名度の高い非常に人気のある作品であり、当該作品名称が大量に使用されることで、消費者に鮮明なイメージを残し、出所を示す機能を有すると認められる場合は、識別力を有するとされる。この場合、上述した架空人物の場合と同様に、当該作品の著作権者又はその同意を得た者が、当該作品名称について商標登録出願することができる。当該作品が著名であり、著作権者ではない者又は著作権者から同意を得ていない者が出願した場合、他人の著名商標と類似し、消費者に出所の混同誤認を生じさ

---

[85]　肖像の場合、著名という要件は課されない。また、当該他人が死亡している場合は、第13号の不登録事由に該当しない。

せる又は識別力を希釈化させるおそれがある不登録事由に該当することになる（商標法第30条第1項第11号）。

(7) 称号

ここでいう称号とは、例えば「Mister 又は Mr.」（中国語では「先生」）「Mrs.、Miss 又は Ms」（中国語では「女士」又は「小姐」）などの自らを標榜するものではない称号、及び「醫生（医者）」「博士」「職人」「達人」「Master」「Doctor」などの専門家であることを示す称号が含まれる。

前者の自らを標榜するものではない称号について、当該称号のみからなる商標及び当該称号と商品・役務の記述的文字が結合された商標は、一般的に識別力を有しない。例えば「健康先生」が薬品や栄養補助食品などの商品に使用されたとしても、商品の機能や効果の説明という意義を離れたとは認められないため、識別力を有しない。一方、商標が単なる商品・役務の記述的意義を離れ得るに足る擬人化効果を生じていると認められる場合は、識別力を有することになる（「Mr.CARE」商標を病院における役務の提供に使用した場合、これは病院のサービスの品質を暗示するものであるとされ、識別力を有する）。

後者の専門者であることを示す称号についても同様に、当該称号のみからなる商標及び当該称号と商品・役務の記述的文字が結合された商標は、一般的に識別力を有しない。例えば「料理職人」商標が食品商品に使用された場合などである。

(8) 会社、団体、組織や機関の名称

会社名の完全な表記（×××股份有限公司）は、営業主体を識別するために用いるものであり、原則として識別力は有しない。会社名の完全表記に特殊なデザインが施され、商標全体が営業主体の表示という意義を離れ、消費者がそれを商標として認識すると認められる場合、識別力を有することになる。会社名の完全表記を商標の一部に含むが、商標全体として識別力を有する場合、会社名の完全表記部分についてディスクレームをす

ることで、登録を受けることができる。なお、会社名の「株式会社」や「有限会社」を除いた部分は原則として識別力を有するとされる。

例えば という商標の場合、「鴻璿股份有限公司」は会社名の完全表記であり、「HONTKO CO., LTD.」は英語会社名の完全表記であるが、商標全体として識別力を有すると認められるため、「鴻璿股份有限公司」及び「HONTKO CO., LTD.」についてディスクレームをすることで、登録となっている（登録番号01470313）。

　団体、組織、機関の名称について、通常は出所を識別する標識として機能しているため、商品又は役務の出所を表示し、かつ区別するに足りるものであれば、識別性を有するとされる。ここには大学名称も含まれる。

（9）ドメイン名

　ドメイン名が消費者に与える印象は特定のウェブサイトにリンクするための名称にすぎず、商品又は役務の出所を識別するものではないことから、原則として識別力を有しない。ただし、ドメイン名に特殊なデザインが施され、ドメイン名という意義を離れたと認められる場合、消費者がそれを商標として認識することができ、識別力を有するとされる。例えば**PLMM**.com.tw という商標の場合、「PLMM.com.tw」というドメインを含むが、「PLMM」部分には特殊なデザインが施され、商標全体として識別力を有している。ただし、「.com.tw」文字についてはディスクレームをすることで登録となっている（登録番号01458656）。

（10）キャッチフレーズ、流行語

　キャッチフレーズ（スローガンを含む）は商品・役務の宣伝のために用いる語句であり、通常は経営理念や商品・役務の特色を表すものである。キャッチフレーズが消費者に与える印象は商品・役務の特性にすぎないため、識別力を有しない。例えば「水是最好的藥」という中国語の商標につ

いて、これは「水は最も良い薬」という意味であり、水関連の商品に使用
されたとしても、消費者に与える印象は単に水を飲むことの利点を伝える
宣伝用語にすぎず、識別力を有しない。また、外国語のキャッチフレーズ
についても、同様の基準で判断されることになる[86]。

■　Delivering Hope for Life 事件（知的財産裁判所2019年行商訴字第137号）
結論：識別力なし

商標：*Delivering Hope for Life*

指定商品・役務：鎮痛剤、抗生物質、研究開発

判断

　本件商標のうち「Delivering」は「伝達」、「Hope」は「希望」、「for
Life」は「命のために」であり、「Delivering Hope for Life」は「命に希望
をもたらす、命に希望を伝達する」という意味になる。台湾は非英語圏の
国であるが、英語教育は広く普及しており、本件商標の文字はオリジナリ
ティも特になく、デザイン設計もされていないため、シンプルなスローガ
ンとして認識されやすい。本件商標が指定商品・役務に使用されたとして
も、痛みを和らげ健康を促進することで命に希望をもたらすといった広告
宣伝性を有するスローガンにすぎず、識別力を有しない。

　原告は本件商標の「Delivering」は、薬物を「Hope」とし、原告特有の
伝送技術の概念と結合させ「薬物の伝送」を「希望をもたらす」という内
容を暗示させており、本件商標は暗示的商標であり識別力を有すると主張
する。しかし、商標の識別力判断においては、商標の設計理念といった主
観心理要素は考慮しない。

---

[86]　本文で上げた判決の他に、SEE WHAT YOU'VE BEEN MISSING 事件（知的財
　　産裁判所 2019 年行商訴字第 61 号）においても「SEE WHAT YOU'VE BEEN
　　MISSING」は眼鏡関連商品に使用されたとしても、単にキャッチフレーズにすぎ
　　ず、識別力を有しないと認定している。

（11）場所を示す名称を含む商標

「家」「本舗」「World」「Land」「Mall」等の場所を示す名称を含む商標は、原則として識別力を有しない。例えば「玩具天地 TOY LAND」という商標がおもちゃ関連商品を指定商品とした場合、「玩具（TOY）」は商品の名称であり、これと「天地（LAND）」が結合されたとしても、玩具の島や玩具の場所という意味を示すにすぎないため、識別力を有しない。しかし、場所を示す名称と商品・役務の記述的文字の組み合わせであっても、商品・役務の説明を超えた意義が生じていると認められる場合は、例外的に識別力を有することになる。例えば、「彩色世界」商標が化粧品に使用された場合、これは商品が色鮮やかでカラフルであるという特色を暗示しているため、識別力を有するとされる。

（12）非伝統的商標

非伝統的商標の識別力については、原則として台湾特許庁公表の「非伝統的商標審査基準」が適用される。この「非伝統的商標審査基準」では非伝統的商標における願書の記載方法や識別力の認定に関する規定が記載されている。以下、非伝統的商標の識別力判断について簡単に述べる（非伝統的商標の内容や願書の記載については第二編第一章第二節を参照）。

<u>色彩商標（色彩のみからなる商標）</u>

色彩商標、特に単色の色彩商標の場合、通常は識別力を有しないため、原則として使用による識別力を獲得しない限り登録を受けることができない。また、複数の色彩の組み合わせは単色に比べて識別力を有する可能性は高いものの、通常は単色と同様に使用による識別力を獲得しない限り登録を受けることができない。

（拒絶査定番号：T0403177）
巻末にてカラー掲載

拒絶査定内容「本件商標が消費者に与える印象は単に装飾の色であることにすぎない」

<u>立体商標</u>

　立体商標の識別力に関し、特に立体形状が商品そのものの形状や商品包装容器の形状である場合、消費者は通常それを商品・役務の出所を示す標識とは認識しないため、通常の商標に比べ識別力を有することは困難である。自他商品識別力を有しない立体商標は、使用による識別力を獲得しない限り、登録を受けることができない。また、立体商標の形状が商品又は役務において不可欠なものである場合や商品又は役務のコスト、品質に影響を与えるものは「機能性を有する立体商標」とされ、識別力を有しない。「機能性を有する立体商標」であるか否かの判断における考慮要素は、以下の3つとされている。

　① 当該形状は商品の使用又は目的を達成するために必須であるか

　② 当該形状はある技術効果を奏するために必要なものであるか

　③ 当該形状の製造コスト又は製造方法は簡易、低コストであるか

　また、役務について、例えば役務の提供場所の外観や内装設計を立体商標とした場合であって、独特な特徴もなく一般的な内装の範囲にとどまるにすぎないような外観や内装設計の場合、消費者はそれを単に装飾とみなすにすぎないため、識別力を有しない。ただし、独特な特徴を有し、消費者に強い印象を与えるような外観や内装設計は、識別力を有すると認定され得る。

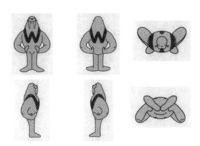

（拒絶査定番号：T0404247）

　拒絶査定内容「本件商標は擬人化されたセイウチの立ち姿を立体化したものであるが、単に商品の販売促進に用いる装飾性の立体林業やフィギュアにすぎず、商品の提供とは密接な関連はなく、出所を示す標識とは認められない」

動き商標

　動き商標の識別力に関し、その動きの変化の過程そのものを消費者が出所を示す標識として認識する場合、当該動き商標は識別力を有することになる。動き商標の動きの変化が単に指定商品又は役務の品質、用途などの関連特性の説明を描写するにすぎない場合や（商品の組み立ての動き、清掃効果を示す動き等）、業者が特定の商品又は役務で共通して使用する動きの場合は、識別力を有しない。また、動き商標が電気製品の起動や特定プログラム・特定機能のスタート時の待ち時間に表示される動きの画面である場合、これも識別力を有しないとされる。また、立体商標と同じく、動き商標で示される内容が商品又は役務において不可欠なものである場合や商品又は役務のコスト、品質に影響を与えるものは「機能性を有する動き商標」とされ、識別力を有しない。例えば、時計の針の動きを示す動き商標（指定商品：時計）などである。

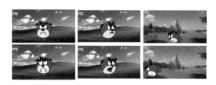

（拒絶査定番号：T0383034）

拒絶査定内容「本件商標は一匹の犬が動くことで構成される動き商標であるが、関連消費者は通常これを電気製品の起動や特定プログラム・特定機能のスタート時の待ち時間に表示される動きの画面と認識するにすぎないため、これを商標として用いたとしても出所を示す標識であるとは認められない」

<u>ホログラム商標</u>

ホログラム商標は、ホログラフィーによる色彩の変化や立体画像の表現、視覚の変化により異なる図案が現れることを特徴とする。よってホログラム商標の識別力の審査は一般の平面画像の審査とほぼ同じである。

<u>音商標</u>

音商標の多くは一般的に識別力を有しないが、独特な音から構成される場合などは、識別力を有するとされる。また、機器の運転時に自然に発生する音や、警告機能を有する音などの機能性を有する音も識別力を有しないとされる（例えば、救急車のサイレン音などを救急輸送関連役務へ使用した場合など）。

（拒絶査定番号：T0399079）

拒絶査定内容「本件商標は一小節の旋律からなる音商標であるが、単に業者が商品イメージを高めるための広告背景音であると認識するにすぎないため、識別力を有しない」

地模様商標

地模様からなる商標については、原則として識別力を有しない。

地模様商標の識別力の判断において考慮される要素は、以下のとおりである。

① よく見られるものか、又は指定商品・役務において広く使用されるものか

② 地模様を構成する要素の本質

③ 指定商品・役務の産業における実務慣習

④ 指定商品・役務の類型

（拒絶査定番号：T0402640）

拒絶査定内容「本件商標はキノコの図形と黒円形図形が交互に規則的に配列されたものであるが、消費者はこれを装飾図形であると認知するにすぎず、出所を示す標識ではないため識別力を有しない」

匂い商標

匂い商標の識別力についても他の商標同様に、匂い自体が指定商品・役務の出所を示すものでなければならない。チョコレートやバニラの匂いをベーカリー食品に用いたとしても、これは記述的な商標であるため、識別力を有しない。匂い商標として識別力を有するとされるためには、指定商品・役務の本質から独立して付加された匂いであることが必要である。例えば、エンジンオイルにおける果物の匂いは指定商品・役務の本質から独立して付加された匂いである。

２．使用による識別力の獲得

　もともと識別力を有しない商標であっても、長期広範にわたる使用により出所識別機能を有するようになったと認められる場合は、登録を受けることができる。「商標が識別力を有しない場合であっても、出願人による商標の使用によりそれが取引市場において出願人の商品又は役務を識別する標識となっていれば、登録を受けることができる」と商標法第29条第２項に規定されている。注意すべきは、この第29条第２項の規定の対象となっているのが同条第１項第１号及び第３号に該当する場合、すなわち商品・役務の記述的商標のみからなる商標（第１号）及びその他識別力を有しない標識のみからなる商標（第３号）に該当する場合である。指定商品・役務の普通名称（第２号）に該当する場合は対象となっていない。

　使用による識別力獲得は、出願人が証明しなければならない。そして、識別力を有するようになったか否かの主体的判断は、台湾の関連消費者の認知が基準とされる。したがって、関連使用証拠は原則として台湾での資料であることが必要である。国外での使用証拠については、台湾の関連消費者が当該国外での使用証拠に関する内容を知り得ることを証明しなければならない。また、識別力獲得の判断基準時は、対象出願の出願時ではなく査定時である。

　使用による識別力獲得に関する使用証拠について、「商標識別性審査基準」には以下の７つの証拠が列挙されている。審査においては出願人から提出された証拠に基づき、商標が使用された期間、使用量、指定商品・役務の特性、取引の実情などを総合的に検討し、使用による識別力を獲得したかどうかが判断される。そして使用による識別力を獲得したと認められて登録となった場合、登録時の公報及び台湾特許庁の検索データベースにおいて、「商標法第29条第２項の規定に基づいて登録」と注記が加えられる。以下、「商標識別性審査基準」で挙げられている７つの証拠について説明する。

(1) 商標の使用方法、使用期間及び同業他社の使用状況

出願された商標（以下、出願商標ともいう）と実際に使用された商標（以下、使用商標ともいう）は同一性を有していなければならない。また、使用商標の態様は商標法第5条で規定される商標使用の定義を満たさなければならない、すなわち、販売を目的とし、関連消費者に商標であると認識させるに足りる態様でなければならない。実際の使用態様として、商標の大きさ又は要素の比率、フォントなどが出願商標とは多少異なる場合があるが、出願商標と使用商標が同一性を有していればよい（商標の同一性及び使用の定義については第四編第二章を参照）。

使用証拠には使用された時期が示されていなければならず、使用時期が示されていなければ証拠として採用されない。商標が使用された期間が長ければ長いほど、関連消費者に商標と出願人との関係性を認識させる可能性が高まり、識別力獲得が認定されやすい。使用期間は継続していることが好ましいが、間に使用の中断があった場合、その中断期間が識別力獲得に影響を及ぼしているか否かが考慮される。例えば、10年間の使用のうち2年間使用が中断されていたが、中断前と中断後の販売量が非常に膨大であるなど、識別力獲得に影響があまりないと認められる場合は、2年間の中断期間はそれほど問題とはならない。

同業他社が出願商標を使用していないという証拠について、これは使用による識別力獲得にはあまり役立たない。識別力有無の判断は関連消費者の認識が基準とされるのであり、同業他社が使用していないことは、当該商標が識別力を有することを当然に意味するものではないからである。

(2) 販売量、売上高及び市場占有率

販売量又は売上高が大きければ大きいほど、多くの関連消費者が出願人の商品又は役務を購入・利用していることを意味し、商標が出願人の商品・役務の出所を示している可能性が高まる。したがって、販売量又は売上高が非常に大きいという事実は、商標の使用期間が短いという不利な要素を補うことが可能である。

　ただし、売上高の判断は商品・役務の特性が考慮される。例えば、日用品の場合は市場規模が大きいが、商品提供者も多数存在し、また、消費者の購入時の注意力も低い。これに対して専門性の高い市場の場合、市場規模が小さくても、消費者の購入時の注意力は高い。よって、同じ売上高であっても後者の方が、識別力の取得の認定においては有利な認定がされやすい。

　また、出願人の商品又は役務の市場占有率も重要な考慮要素である。売上高がそれほど大きくない場合であっても、売上高の市場占有率が高いことを証明できれば、関連消費者が商標に接する割合が高く、関連消費者は商標によって商品又は役務の出所が出願人であると識別していることを意味する。このような事実は、使用による識別力獲得の判断においてプラスの要素となる。

(3)　広告量、広告費及び販売促進活動の資料

　販売量及び売上高と同じく、広告量又は広告費が多いことは、商標の露出が増加し、消費者から注目される機会が増えるため、消費者が商標を認識する可能性が高まる。ただし、広告において商標が消費者において記述的であるという意義が変更され、消費者がそれを商標であると認識させることができていなければならない。広告量又は広告費が多いからといって、必ずしも商標が識別力を獲得したことにはならない。

　また、産業の特殊性も考慮しなければならない。例えば、専門性の高い製品を製造する会社は、電子メールやカタログによって既存顧客や潜在顧客に通知をすることが一般的であり、広告支出は比較的少ない。よって、こうした産業における商標が使用による識別力を獲得したかどうかの判断において、広告量や広告費の要素はあまり重要視されない。

(4)　販売地域、市場分布、販売拠点又は展覧陳列場所の範囲

　商標が使用された地理的範囲が広ければ広いほど、多くの消費者に認識される可能性は高まる。一方、商標が特定地域のみで使用される場合、そ

の商標により出願人の商品又は役務を識別できる消費者は限られる。よって、商標が使用された指定商品・役務の販売地域が広く、市場分布が広範であり、販売拠点が多ければ、商標が使用による識別力を獲得する可能性は高まる。

(5) 各国における登録の事実

出願商標が他の国で登録されているという事実は参酌要素とすることができる。これは特に商標で外国語が使用されている場合に当てはまる。すなわち、他国での登録事実は当該外国語が客観的にみて商品・役務の記述的内容であるか否かを検討する際の参考要素となり得る。ただし、出願商標は他国において使用による識別力獲得を経て登録となっており、台湾では使用されておらず、当該他国での使用関連資料によっては台湾の消費者がそれを商標と認識するに足り得ないと認められる場合、当該他国での登録事実のみをもって台湾で識別力を獲得したことを証明することにはならない。

(6) 市場調査報告

専門性を有し、公正で客観的な市場調査報告書であると認められる場合、当該市場調査報告書は使用による識別力獲得を証明する有効な資料となり得る。市場調査報告については、調査会社の公信力、調査方法、アンケートやインタビューの設問設計及び専門性に留意すべきである。アンケートやインタビューで誘導的な質問をした場合や調査内容と結論に関連性がない場合、正確性及び公正性が疑われやすくなるため、使用による識別力獲得を証明する資料として採用されない可能性もある。

(7) その他

出願商標に対する雑誌や新聞の記事も参考要素の一つとなる。しかし、現在では記事という形式であるが実際は広告宣伝であるという状況も多いため、審査時には客観的な記事であるか、又は広告であるかが検討される。

　このほか、同業組合、商工会議所などの機構が発行する証明書も参考とされ得るが、こうした機構が中立の立場であることが必須となる。出願人が当該機構の主要な上流取引先であるなど、当該同業組合又は業者の立場に影響を与える身分である場合、証明書の参考価値は下がることになる。

　使用による識別力獲得に関する事例「雪肌精立体商標事件」を以下に紹介する。この事件は立体商標に関する事例ではあるが、知的財産裁判所判決において使用による識別力獲得の証拠認定の判断基準が詳細に示され、また、後の最高行政裁判所においても更なる検討が加えられたものであり、台湾では有名な事件であるとともに現時点でも参考価値が高い。

■　　雪肌精立体商標事件（最高行政裁判所2015年判字第792号）
結論：もともと識別力はないが、使用による識別力獲得

商標：

指定商品・役務：化粧品、乳液、化粧品

表11　雪肌精事件における審査・審理機関別の識別力判断結果

審査・審理機関	台湾特許庁	知的財産裁判所	最高行政裁判所
識別力の有無	なし	あり	なし
使用による識別力の有無	なし	あり	あり

台湾特許庁判断（拒絶査定番号 T0351339）

　出願人から提出された資料によれば、本件容器の青色本体には白文字で「雪肌精」文字が記されており、消費者が注意を払う部分は本件商標の立

体形状ではなく、この「雪肌精」文字である。本件商標のようなガラス色／紺色系のボトルデザインは、L'occitane イモーテル、ゲラン、AVON などの同業他社の多数の製品で採用されている。本件商標から文字を除いたボトルの立体形状及び青白の配色が識別力を有しているとは認めがたい。また、広範囲にわたる使用によって関連消費者に本件商標が商品の出所を表す識別標識であると認識されているという事実も認められず、使用による識別力を獲得したとはいえない。

知的財産裁判所判断（知的財産裁判所 2014 年行商訴字第 83 号）

識別力について

本件商標の立体形状及び色について、そのボトルは正面及び背面のいずれも平面状を呈し、左右両側は楕円弧状を呈しており、約150度の角を4つ有する柱状立体形状と白い蓋の上部には鏡面仕上げの円盤がはめ込まれている。ボトルの色は瑠璃色で透明性があり、青、白、銀の色彩が組み合わされたデザインは青空と雪を象徴する視覚的な美観があり、これは同業他社が用いる一般的な包装とは異なる。本件商標の外観は関連消費者に特殊な感覚を与え、他の商品と区別できる先天的識別力を有していると認められる。

使用による識別力について

① 使用期間及び商品販売額

原告は日本三大化粧品会社の一つであり、1984年に主要ブランド「KOSE／コーセー」により台湾市場に進出した後、本件商標を用いて商品を発売してから30年が経過し、現在に至る。本件商標の美白化粧水は年間売上高が3億元を超え、雑誌「marie claire」の2010年及び2011年のメーキャップランキングの美白部門で1位となっている。

② 広告量、広告費及び販売促進活動の資料

原告は30年間継続して本件商標の広告・宣伝を行い、商標の知名度及び露出量の向上に努めている。本件商標の2007年から2011年の間におけるテレビ及び雑誌による台湾での広告費用は3000万元に達する。

③ 販売拠点

原告は台湾全国の百貨店やデパート、ドラッグストアに販売拠点や販売カウンターを有して本件商標に係る商品を長期にわたり販売し、市場は台湾全国各地、離島にまで及んでいる。

④ 市場調査報告

公平交易委員会が公表する「当事者提供の市場調査報告を処理する評価要領」の内容に基づき、検討する。（a）調査報告を作成したニールセン社は高い専門性と公信力を有する。（b）調査は「雪肌精」ボトルの認知度を理解することでボトルが消費者に高い認識性を有するかどうかを評価することを目的とする。調査方法は20歳から69歳の女性を調査対象としたインタビューによるものである。調査方法は合理性及び合目的性を有する。（c）有効サンプルサイズ1002件、標本誤差4.08％は統計学的に支持されている。（d）本件商標のボトル（いかなる文字なし）に加えて2件の他ブランドのボトルを合わせて調査を行っている。（e）有効サンプル消費者のうち75％が本件商標のボトルを見たことがあると回答し、69％が雪肌精のボトルであると認識可能であった。このうち、どの箇所により雪肌精のボトルであると認識したかという質問に対し、約70％がボトルの立体形状と色の組み合わせと回答している。つまり、約70％の関連消費者はボトルによりブランドを特定することができ、他のブランドであると誤認しないことが分かる。

⑤ まとめ

以上により、本件商標は使用による識別力を獲得したと認められる。

最高行政裁判所判断（最高行政裁判所 2015 年判字第 792 号）

識別力について

原審では本件商標の外観は関連消費者に特殊な感覚を与え、他の商品と区別できる先天的識別力を有していると認定しているが、本件商標外観が消費者に与える感覚は単に容器の装飾にすぎず、他の商品と区別できる先天的識別力を有しているとは認められない。本件商標の六角や円弧の形状

についても、同業他社が本件指定商品において一般的に用いている包装形状と何ら変わりもなく、特殊な点はない。よって、本件商標は識別力を有しない。

　使用による識別力について

　本件商標が長期広範にわたって使用されていること、本件商品の販売量や広告及び販促活動、販売拠点などの証拠に基づき、本件商標は出願人の商品又は役務の識別標識となっているため、使用による識別力を獲得したと認定した原審判決に誤りはない。

　しかし、原審では市場調査報告の検討に当たり、公平交易委員会公表の「当事者提供の市場調査報告を処理する評価要領」に沿った判断がされている。しかし、「商標識別性審査基準」において市場調査報告の検討に関して考慮すべき事項が規定されており、識別力の判断とは無関係である公平交易委員会が公表した上記評価要領を適用する必要性はない。したがって、原審判決上記評価要領に基づき市場調査報告の判断を行った点は誤りである。

　また、本件商標が使用による識別力を獲得したか否かの判断における認知主体は関連消費者であるが、ここでいう関連消費者とは、指定商品を購入又は使用したことがある消費者、及び将来的に購入又は使用を考えている潜在的消費者のことである。しかし、本件の市場調査結果において、将来 KOSE 化粧品の購入を考えていない消費者が排除されている点は、本件市場調査報告の参考価値に影響を及ぼしていると認められる。したがって、上告趣旨に記載の市場調査報告書は採用できるものであるか否かについて疑義があるという点には、理由がある。しかし、この市場調査報告書の採用が、判決結果に影響を及ぼすことはない。

　この雪肌精立体商標事件の最高行政裁判所判決において、公平交易委員会公表の「当事者提供の市場調査報告を処理する評価要領」に基づいて市場調査報告の有効性を判断することは誤りであると認定されている。ただし、雪肌精立体商標事件以前において、この評価要領に基づいて市場調査

報告の有効性が判断された知的財産裁判所判決は多数あった。しかし、雪肌精立体商標事件以後においても、当該評価要領に基づいて市場調査報告の判断が行われた事例が存在する[87]（識別力の調査ではなく著名であるか否かや混同誤認に関する調査であるが）点に注意が必要である。

３．権利不要求（ディスクレーム）

　商標の主な機能は指定商品又は役務の出所を示し、それにより他人の商品又は役務と区別することにあることから、商標は識別力を有することが不可欠である。商標の一部に商品・役務の品質や特性などを示す識別力を有しない記述的文字が含まれる場合であっても商標全体としては識別力を有すれば、他の不登録事由に該当しない限り、当該商標は登録を受けることができる。ここで登録後において、権利者は当該識別力を有しない部分について独占権を主張できるのか否かという商標の権利範囲について、第三者は疑義が生じ市場に悪影響を与えるおそれがある。そこで台湾ではディスクレーム制度を設け、商標中に含まれる識別力を有しない部分についてディスクレームをすることで、登録させることとした[88]。

（1）沿革

　台湾商標法においてディスクレーム制度が導入された際には、商標中に含まれる識別力を有しない部分については一律にディスクレームを求めていた。しかし、識別力を有しない部分が明らかな場合は当該部分の使用には商標の権利範囲が及ばないことは明確であること、また、審査時に出願人の通知を出してディスクレームを求める事態が非常に多く、審査期間の長期化という問題が生じていた等の理由により、一律にディスクレームを求めることの意義が薄くなっていた。そこで、商標中に含まれる識別力を

---

[87]　知的財産裁判所 2016 年行商訴字第 22 号、知的財産裁判所 2015 年民商上字第 17 号
[88]　日本商標法でも大正 10 年法ではディスクレーム制度が採用されていたが、昭和 34 年法では廃止されている。

有しない部分のうち「商標の権利範囲に疑義が生じるおそれがある」もの
について、ディスクレームを求める対象とするように法改正が行われた。

（2）規定

商標法第29条第3項において、「商標図案に識別力を有しない部分が含
まれており、かつ商標の権利範囲に疑義が生じるおそれがある場合、出願
人はその部分を専用としない旨を声明しなければならない。専用権放棄声
明をしない場合は登録を受けることができない」と規定されている。識別
力を有しない部分とは、「記述的文字」「普通名称又は名称」「その他識別
力を有しないもの」である。

また、この商標法第29条第3項違反は拒絶理由に挙げられているため
（商標法第31条第1項）、審査において審査官が商標に識別力を有しない部
分を含み商標の権利範囲に疑義が生じるおそれがあると判断した場合、拒
絶理由を通知し、出願人に当該部分のディスクレームを求める。拒絶理由
通知の応答時に出願人が当該部分についてディスクレームをすることで、
当該拒絶理由は解消する。一方、ディスクレームをしない場合、その出願
は拒絶となる。注意点として、ディスクレームは分割や指定商品・役務の
減縮と同じく、拒絶査定前に行わなければならない。

なお、商標法第29条第3項違反は異議申立理由及び無効理由には挙げら
れていない。

（3）効果

商標に識別力を有しない部分が含まれ、当該部分についてディスクレー
ムをすることで登録となった場合、商標権者は指定商品・役務において当
該部分を含む商標全体に関する商標権を取得する。商標が消費者に混同誤
認を生じさせるおそれがあるか否か、及び他の商標との類否判断において
は、商標を全体として観察した上で判断が行われる。商標に識別力を有し
ない部分が含まれる場合、当該部分についてディスクレームがされたか否
かにかかわらず、商標全体として観察が行われる。ただし、実務上、他の

商標との類否判断時において当該識別力を有しない部分については消費者が払う注意力が低いとして要部とは認定されなかったり、当該部分を除いた部分が抽出されて他の商標との比較が行われたりする場合も少なくない。

商標の識別力の強弱は時間の経過とともに変化する可能性がある。当初は識別力を有するものが、業界において多用されるにつれて識別力を失うこともあり得る。よって、商標登録の際にある部分についてディスクレームがされたという事実は、後に当該部分が識別力を有するか否かの判断における唯一の根拠ではない。

（4）審査

審査官は商標中に識別力を有しない部分であって商標の権利範囲に疑義が生じるおそれがある部分が含まれるか否かを審査する。識別力の判断については、通常の商標における判断と同じく、「商標識別性審査基準」に基づき判断がされる。商標の権利範囲に疑義が生じるおそれがあるためディスクレームを求めるか否かの判断は、「声明不専用審査基準」が別途公表されており、この「声明不専用審査基準」に基づき判断が行われる。また、台湾特許庁は上記の基準とは別の「無須声明不専用例示事項」も公表しており、ここには識別力を有しないものでディスクレームが不要なものが多数列挙されている。

「声明不専用審査基準」における主要な判断原則を以下に述べる。まず記述的文字に関し、同業者や公衆にたびたび使用されるものは、商標の権利範囲に疑義が生じるおそれがないためディスクレームは不要である。例えば、指定商品が食品である「新鮮」「美味」や指定商品が被服である「FASHION」などである。普通名称は商標の権利範囲に疑義が生じるおそれがないため原則としてディスクレームは不要である。例えば、指定商品がおもちゃである「TOY」などである。その他、株式会社や有限会社の中国語「股份有限公司」「有限公司」、「建設」「銀行」「com」「net」なども商標の権利範囲に疑義が生じるおそれがないためディスクレームは不要

である。このほか、もともと識別力を有しないものであっても、使用により当該部分は識別力を獲得したことを証明する証拠を提出し、認められた場合、ディスクレームをする必要はない。

　ただ、実際には審査官に裁量が認められているため、審査官が違えば判断が異なる場合もある。よって、ディスクレームは出願時にあらかじめ行うことも可能ではあるが、実務上はまずディスクレームをせずに出願を行い、拒絶理由通知において審査官からディスクレームを求められた際に改めてディスクレームを行うことが一般的である。

（5）事例紹介

　ディスクレームに関する判例をいくつか紹介する。1件目は引用商標においてディスクレームがされた部分を含む場合の、商標類否に関する判例である。この事件は登録商標に変更又は付記を加えて使用し、同一又は類似の商品・役務における他人の登録商標と混同誤認を生じるおそれがある場合の取消審判（商標法第63条第1項第1号）の審決取消訴訟である。ここでいう他人の登録商標においてディスクレームがされており、商標類否判断においてディスクレーム部分が含まれる場合の判断が示されている。

■　金順弘事件（知的財産裁判所2019年行商訴字第33号[89]）

結論：商標類似、混同誤認

商標：

本件商標	引用商標
使用態様	

指定商品・役務：ウイスキー、各種酒など

判断

　引用商標において「酒廠」「特級」「高粱酒」「58°」「KAOLIANG LIQUOR」文字はディスクレームがされている。しかし、商標の類否を判断する際には、商標全体を考慮しなければならない。原告の本件商標の使用態様「金紅高粱」（上表の使用態様の右写真）と引用商標を比べるといずれも龍の図形を外枠とした構成であり、本件商標の使用態様「金紅高粱」

89　本件は最高行政裁判所判決でも知的財産裁判所の見解を維持している（最高行政裁判所 2020 年裁字第 806 号）。

と引用商標は外観において類似する。また、本件商標の使用態様「金紅高梁」の上部に付される円形で囲まれた金の文字は、金門地方[90]と何らかの関係があると連想させ、引用商標にも「金門酒廠」「金門高梁酒」という文字が付されており、両者は観念においても類似する。本件商標の使用態様「金紅高梁」の称呼「金紅高梁」と、引用商標の称呼「金門高梁酒」も類似度は高い。よって、本件商標の使用態様「金紅高梁」と引用商標は類似する。

　2件目も引用商標においてディスクレームがされた部分を含む場合であるが、当該識別力を有しない部分については消費者が払う注意力が低いとして当該部分を除いた部分が抽出されて他の商標との比較が行われた事例である。「声明不専用審査基準」には全体観察が原則と規定されてはいるが、商標を比較する際にはディスクレームがされた部分は除かれる場合が多い。

■　EAGLE TOUR 事件（知的財産裁判所2019年行商訴字第52号[91]）
結論：商標類似
商標：

本件商標	引用商標

指定商品・役務：海上輸送、旅行に関する情報の提供など

---

[90]　台湾の離島の一つである金門島の地方を指す。
[91]　本件の最高行政裁判所判決でも知的財産裁判所の見解を維持している（最高行政裁判所 2020 年裁字第 709 号）。

判断

　本件商標は黄色の円図形及び羽ばたいた様子の羽の図形と「EAGLE」文字の結合商標である。文字と図形の結合商標の場合、文字は消費者が称呼する部分であり要部ではないことはあまりなく、本件商標における要部も「EAGLE」である。これに対し引用商標は羽ばたいている鷹の図形、中国語「飛鷹旅遊」及び英語「EAGLE TOUR」が上下に並んでなるものであり、このうち中国語「旅遊」及び英語「TOUR」はディスクレームがされていることから、中国語「旅遊」及び英語「TOUR」は消費者が払う注意力が低いため、引用商標の要部は中国語「飛鷹」及び英語「EAGLE」である。

　両商標を比較すると「EAGLE」を要部として共通に有し、両商標の「EAGLE」はデザインにおいてわずかに相違するにすぎず、観念及び称呼は同一である。また、引用商標の中国語「飛鷹」と鷹の図形は「EAGLE」と相互に呼応しており、消費者による「EAGLE」に対する認知が深まっている。我が国国民は文字と図形の結合商標においては称呼を重視する傾向にあること、及び「EAGLE」という語は難解で珍しい語でもなく一般消費者はその中国語の意味を理解することは困難ではないことを考慮すれば、時と場所を異にする離隔的観察において、又は実際の取引時に称呼する際に、両商標を区別することは容易ではないことから、両商標は類似し、その類似度は中程度である。

　３件目も２件目と同様のタイプである。後述するように商標の類否は原則全体観察と「混同誤認のおそれ審査基準」に規定されているが、実際にはディスクレームがされた部分を除いた部分が要部として抽出される場合も少なくない。

■　Cool Bag 事件（知的財産裁判所2019年行商訴字第141号）

結論：商標類似

商標：

本件商標	引用商標

指定商品・役務：かばん、ハンドバッグ、傘など

判断

　引用商標において「Cool Bag」及び「酷袋」文字はディスクレームがされており、これら文字は商標全体比較の際に考慮に入れるが識別力を有しない文字であり、消費者がこれら文字に対して払う注意力は比較的に低くなる。本件商標と引用商標を比較すると、図形部分が最も印象に残る部分であり、両商標の図形部分に関し、全体の外観デザイン及び構成は類似程度が非常に高いため、時と場所を異にする離隔的観察において消費者が両商標はシリーズ商標であると連想する可能性がある。よって、両商標の類似度は高い。

第二節　商標法第30条第1項第10号

　商標登録を受けることができない例の1つとして、商標法第30条第1項第10号には次のように規定されている。「同一又は類似の商品又は役務について、他人の登録商標又は他人が先に出願した商標と同一又は類似のもので、関連消費者に混同誤認を生じるおそれがあるものは、登録を受けることができない。ただし、当該登録商標又は先に出願した商標の所有者が出願に同意し、かつ明らかに不当でないものは、この限りではない」。こ

の条文内容から分かるように本号に該当する場合とは、商品・役務が同一又は類似で、かつ商標が同一又は類似であるという要件に加えて、関連消費者に混同誤認を生じるおそれがあるという要件を満たす場合である。そして本号ただし書の規定は、いわゆるコンセント制度についての規定である。

　本号に該当するかどうかは、台湾特許庁公表の「混同誤認のおそれ審査基準」に基づいて判断が行われる。本節ではまず「混同誤認のおそれ審査基準」に規定されている考慮すべき 8 項目についての概要を述べた上で、この 8 項目それぞれについて判断内容の概要を説明する。そして近年実務において問題とされた逆混同（reverse confusion）について紹介し、最後にコンセント制度について説明する。

１．「混同誤認のおそれ審査基準」規定内容

　「混同誤認のおそれ」が成立するか否かの判断においては、考慮すべき要素が多数存在する。ここで、条文で言及されている「同一又は類似の商標」「同一又は類似の商品」という 2 つの要件は当然ながら必須の要件である。ただし、商標及び商品・役務が類似であっても常に混同誤認を生じるおそれがあるとは限らない。そこで、混同誤認のおそれの判断において考慮すべき要素について、「混同誤認のおそれ審査基準」において、以下の 8 項目が列挙されている。

① 商標識別力の強弱

② 商標の類否及びその類似程度

③ 商品又は役務の類否及びその類似程度

④ 先行権利者の多角化経営の状況

⑤ 実際に混同誤認が生じた事実

⑥ 関連消費者の各商標に対する認知の程度

⑦ 出願人が善意であるか否か

⑧ その他

混同誤認のおそれの認定に当たり、8 つの要素全てに該当する必要はな

く、また、実際に混同誤認を生じた事実が認められた場合、他の要素に該当しなくても混同誤認のおそれを認定することもある。なおこの「混同誤認のおそれ審査基準」は他人の先願又は先登録商標と類似し混同誤認のおそれがあるという拒絶理由に対する審査のみならず、異議申立て、無効審判や取消審判の審理においても適用される。上記項目のうち①商標識別力の強弱については既に第一節で述べたため、以下では残りの７項目について紹介する。

（1）商標の類否及びその類似程度

　商標の類否判断においては、一般的な知識と経験を有する消費者が購買時に通常の注意力を払う場合を基準とする。この注意力は商品・役務の性質によりその程度に差が生じる、すなわち日用品の場合は消費者が払う注意力は低く、一方、専門性の高い商品や高価な商品（薬品や自動車など）の場合は消費者が払う注意力が高い。消費者が払う注意力が低い場合、２つの商標間の相違を識別する能力が低いため、比較的に類似と認定されやすくなる。

　商標の類否判断においては全体観察が原則であるが、要部観察が採られる場合もある。「要部」とは商標全体の中で比較的顕著であるために消費者の注意を引くもの又は事後に消費者の印象に残るものを指す。「混同誤認のおそれ審査基準」によれば、たとえ要部観察により商標類否を判断したとしても、最終的には全体観察で判断しなければならないため、全体観察と要部観察は互いに対立するものではないとされている。ただし、実際には要部観察により商標の類否判断が行われる事例も少なくない。また、商標の類否判断では時と場所を異にする離隔的観察が原則とされる。

　図形と文字の結合商標の場合、文字部分を抽出して観察する、つまり、図形部分はあまり考慮されない傾向がみられる[92]。

■　OctaRam 事件（知的財産裁判所2017年行商訴字第137号[93]）

結論：商標類似

商標：

本件商標	引用商標
OctaRAM	

指定商品・役務：半導体ウエハーの製造など

判断

　本件商標は語頭と最後の３文字が大文字で示された「OctaRAM」であり、「Octa」及び「Ram」の２つの部分に分けることができる。そして「RAM」は「Random Access Memory」の略語であり、集積回路や３Ｃ産業で一般的に使用されている語である。よって、本件商標の要部は「Octa」である。引用商標は「Octa」及び「Technology」文字と、２つの八角形が重なった図形から構成されるところ、「Technology」は科学技術の意味であり、指定商品・役務の記述的文字である。よって、引用商標の要部は「Octa」である。

　両商標はその配置、色彩、図形の有無等で相違するが、両商標の要部はいずれも「Octa」であり、また、全体を比較しても外観、称呼、観念のいずれにおいても高い類似性を有する。

---

[92]　本文で取り上げた２件の他にも、 は類似と認定した判決

　　（知的財産裁判所 2019 年行商訴字第 73 号）や、 は類似と認定した判決（知的財産裁判所 2019 年行商訴字第 123 号）など、文字部分を重視した類否判断に関する判決は多数存在する。

[93]　本件は後の最高行政裁判所判決においても知的財産裁判所判決の見解を維持する判決が下されている（最高行政裁判所 2020 年判字第 152 号）。

■　LA OHHO 事件（知的財産裁判所2019年行商訴字第102号）
結論：商標類似
商標：

本件商標	引用商標
OHHO LA	OHOO

指定商品・役務：ハンドバッグ、スーツケースなど

判断

　本件商標と引用商標の文字を比較すると、いずれも語頭は「O」、語尾は「HO」であり、相違点は3文字目が「H」か「O」であるかのみである。本件商標の外観を見れば、要部は「OHHO」部分であり、これと引用商標を比較すると、本件商標の「OHHO」部分は多少のデザインが施されてはいるが、文字の位置配置は本件商標「OHHO」部分と引用商標の「OHOO」では大きな相違はない。また、本件商標にはH文字とL文字に一定の結合デザインが加えられてはいるものの、本件商標を全体としてみれば「OHHO」という目立つ文字を認識することができる。よって、両商標は外観において類似する。次に称呼であるが、本件商標の要部である「OHHO」と引用商標の「OHOO」は称呼においても高い類似性を有する。

　両商標を比べると「H」「LA」文字のフォントデザインや図形において相違点があるとはいえ、こうした相違は付属部分にすぎず、要部「OHHO」「OHOO」が極めて高い類似性を有することから両商標は類似商標である。

　次に、商標の類否判断においては、日本の場合と同様に商標の外観、称呼、観念が総合的に検討される。なお、台湾では日本と異なり、称呼が比較的重視されやすいということはない。外観、称呼、観念に関して、「混同誤認のおそれ審査基準」の主な規定をまとめると次のとおりである。

「中国語文字の場合は外観と観念が重視されるが、指定商品・役務における慣習において称呼で取引されることが慣習である場合、称呼の重要度が増す。外国語文字（英語、ドイツ語、フランス語、日本語など）の場合は外観と称呼が重視され、特に語頭が同一か否かは商標の類否判断に影響を与えやすい。図形商標は外観が重視される」。

なお、観念について、「商標のデザインの概念は消費者が商標を見てすぐに分かるものではなく、消費者は商標の設計者の主観的設計理念を知ることはできないため、商標の類否判断において主観要素は考慮されない」という最高裁[94]の判断に基づき、商標の設計意図は類否判断に影響を与えづらいという実務が一般的となっている。

■　D&R 事件（知的財産裁判所2014年行商訴字第113号[95]）

結論：商標類似

商標：

本件商標	引用商標1	引用商標2
D&R	DIOR	奥廸

指定商品・役務：化粧品、香水など

判断

一般的に商標に周知ではなく一般的でもない外国語文字が含まれる場合、消費者は2つの商標の当該外国語文字部分の類似を判断する際に、外観又は称呼により比較を行うことになる。原告（本件商標出願人）は「D&R」は「Design & Research」の略語であり、参加人（異議申立人）は引用商

---

[94] 最高行政裁判所 2014 年度裁字第 421 号行政裁定
[95] 台湾特許庁での異議申立てでは商標非類似として維持決定が下されていたが、本文で紹介したように知的財産裁判所は商標類似と判断し、維持決定を取り消す判決を下している。そして、後の上告審においても知的財産裁判所判決の見解を維持し、上告棄却判決が下されている（最高行政裁判所 2016 年判字第 147 号）。

標はブランド創設者の姓であると主張する。しかし、消費者は「D&R」の外観からそれが「Design & Research」の略語であると認識するのは難しく、また、本件商標及び引用商標は周知ではなく一般的でもない外国語文字であるため、外観及び称呼を中心に類否判断を行う。

　本件商標と引用商標1を比較すると、語頭及び語尾はいずれも「D」「R」であり、「D」「R」の間の文字が「IO」か「＆」で異なる。両商標の文字は国民に周知一般的な単語でなく、語頭及び語尾が同一であるため、消費者に対し両商標を混同誤認させるおそれがある。称呼に関し、消費者は引用商標1を「dior」とつなげて呼ぶか又は「d」「i」「o」「r」と分けて呼ぶことが想定され、本件商標については「d」「and」「r」と呼ぶことが想定される。分けて呼ぶ場合、本件商標の称呼「d」「and」「r」と引用商標1の称呼「d」「i」「o」「r」は類似する。ここで引用商標1は著名商標であり、消費者は引用商標1を分けて呼ぶ可能性は低いとも認められるが、本件商標の称呼と引用商標2「迪奥」の称呼もある程度類似していることから、本件商標と引用商標1、2とは類似する。

（2）商品又は役務の類否及びその類似程度

　まず、商標法第19条第6項の規定にあるように、商品又は役務の類否の認定は、商品又は役務の区分の制限を受けない。次に「混同誤認のおそれ審査基準」によれば、商品が類似するとは、2つの商品が機能、材料、製造者又はその他の要素において共通又は関連する点を有し、一般社会通念及び市場取引状況に基づき、両商品の出所が同一又は同一ではないが関連があると消費者に容易に誤認させることを指す。同様に役務が類似するとは、2つの役務が消費者を満足させるという要求及び役務提供者又は他の要素において共通又は関連する点を有し、同一又は類似の商標が付された場合、一般社会通念及び市場取引状況に基づき、両役務の出所が同一又は同一ではないが関連があると役務の提供を受けた者に容易に誤認させることを指す。よって、英語の塾と数学の塾では役務の類似程度は高い。

　なお、第二編第二章第五節2において述べたように、台湾特許庁公表の

「商品・役務相互検索参考資料」には類似する商品・役務がグループとしてまとめられ、同じ「類似群コード」が付けられており、同じ類似群コードが付けられた商品・役務は、審査において原則として類似と認定される。台湾特許庁の審査段階では類似群コードが同一である商品・役務はほぼ機械的に類似すると認定されることが一般的であるのに対し、知的財産裁判所による訴訟審理段階では、各事件における特有の事情や取引の実情なども考慮され、柔軟に判断される傾向にある。

　ペット用商品とヒト用商品の類否判断を例に挙げると、従来は両者はそれぞれペット専用の商品とヒト専用の商品であるため、非類似であるという実務見解が定着していた。しかし、近年の知的財産裁判所判決では「両者は使用対象がペットと人であるという点で相違するが、実際の購入者はいずれも人であるため、両者間には相当高い類似性が存在する」という判断を示すものが多くなっている。判決の例として知的財産裁判所2012年度行商訴字第83号（第31類のペットフード等と第5類の薬草を主原料とする栄養補助食品等とは類似と認定）、知的財産裁判所2016年度行商訴字第131号（第3類の愛玩動物用化粧品等と第3類の化粧品等とは類似と認定）や知的財産裁判所2017年度行商訴字第52号（第31類の飼料等と第30類のケーキやパン等とは類似と認定）がある。こうした判決の判断基準をまとめると次のとおりとなる。

　近年の社会背景や業界の近況

　近年の社会構造の変化に伴い、ペットを家族の一員としてみなす者が増えてきている。また、ペット関連ビジネスが発達するにつれ、人の需要に関連する商品・役務の多くは、ペット用商品の区分においても対応するものが存在するようになってきている。

　販売対象

　両商標の指定商品における対象に関し、一方はペット、一方は人である。しかし、動物には購買能力がないことから購入者はいずれも人となる。すなわち、両商標の実質的な対象は同一であり、いずれも人である。

　生産販売業者

　一方の商標が化粧品等商品において著名である場合、当該商標権者が分野を超えて愛玩動物用化粧品にも展開したと、関連消費者は合理的に予見できるはずである。また、化粧品とペット用商品において商品の材料及び外観は十分に類似することから、分野を超えて展開することは決して難しいことではない。証拠資料として提出されたアンケートにおいても、ペット用及びヒト用のシャンプーは代替可能である、又は配合成分が類似していると考える回答者の存在が示されている。

　流通経路

　ペット用商品及びヒト用商品が同一の場所で販売されることが多く、ペット用商品及びヒト用商品を同時に販売する大型スーパーも至る所にある。また、近年盛んな「ペットカフェ」のように、ヒト用食品とペットフードを同時に販売するだけでなく、ヒトとペットの共通の憩いの場を提供するサービスも増えてきている。よって、ペット用商品及びヒト用商品の流通経路が重複する可能性は十分にある。

（3）先行権利者の多角化経営の状況

　先行権利者が多角化経営を行っている、つまり商標を多種類の商品・役務に使用していると認められる場合、指定商品・役務についてのみ比較を行うべきではなく、多角化経営に状況も合わせて考慮に入れなければならない。逆に先行権利者が特定の商品・役務についてのみ経営を行っている場合、多角化経営を行っている場合に比べ、その保護範囲は相対的に減縮される可能性がある。

（4）実際に混同誤認が生じた事実

　実際に混同誤認が生じた事実は、商標法第30条第1項第10号の規定の適用に大きく影響を与える。実際に混同誤認が生じた事実とは、実際に後願の商標の出所が先行権利者であると消費者に誤認が生じた事実を指す。混同誤認が実際に生じた事実は、先行権利者が立証しなければならない。

　以下は、実際に混同誤認が生じた事実について権利者の立証が認められ

た事例を紹介する。この件は民事訴訟ではあるが、商標権侵害の認定においても混同誤認のおそれは必須判断事項であり、「混同誤認のおそれ審査基準」の規定が参酌される。

■　TutorABC vs. Tutor Well 事件（知的財産裁判所2016年民商訴字第9号）
結論：商標類似
商標：

原告商標	被告商標
TutorABC	Tutor Well 最好的線上家教網

指定商品・役務：広告企画、広告デザインなど

判断

　原告は、被告「TutorWell」が提供する役務を原告「TutorABC」によるものであると消費者が実際に誤認したことを示す確かな証拠を多数提出している。例えば、原告「TutorABC」が運営するフェイスブックページに、セールス電話の態度が悪いと苦情の書き込みがあったが、そのセールス電話を調査したところ、実際は被告「TutorWell」によるものであった事実などである。また、被告はこの混同誤認の事実に関する反論も行わなかったことから、両商標は使用において確かに混同誤認を生じていたと認定する。

　(5)　関連消費者の各商標に対する認知の程度
　関連消費者が2つの商標についていずれも相当程度熟知している、つまり、2つの商標が市場において併存している事実は、混同誤認のおそれは生じないと認定される可能性を高める。両商標が併存しているということは消費者に混同誤認は生じていないことを意味するためである。また、2つの商標のうちいずれか一方のみが消費者に熟知されている場合、当該熟

知されている商標に対して大きな保護を与えるべきとされる。

■　K.S 事件（知的財産裁判所2017年行商訴字第69号）

結論：商標非類似（混同誤認のおそれなし）

商標：

本件商標	引用商標
K.S	KSS

指定商品・役務：端子（電気用のもの）など

判断

　原告（商標権者）が提出した資料である製品認証文書、展示写真、輸出申告書、新聞広告等のいずれも、原告が1981年から現在に至るまで本件商標を使用し続けてきたことを証明するに足る証拠となり、また、経済部統計の台湾端子商品における販売総額によれば、2004年から2015年の間、本件商標の端子商品は台湾市場の７％から10％を占めていることから、本件商標は長期の使用により設定登録日前に関連消費者に十分に熟知されていたと認識できる。

　また、両商標が「端子」関連商品において使用されていた期間は現在まで20年から30年を経過しており、原告と被告（異議申立人）の双方は長期にわたり同じ展示会に出展していたことや両商標が展示資料の同じページに記されていたこと、加えて経済日報（新聞紙）において両者の広告が同時に掲載されるものも多数あったことが認められる。さらに、被告も1992年以前から、原告から本件商標が付された端子商品を継続して購入しており、両商標の市場における併存が長期にわたっていると認識できることから、関連消費者に両商標の出所が異なると区別させるには十分であり、混同誤認が生じるおそれがあるとは認められない。

（6）出願人が善意であるか否か

出願人による出願が善意か悪意であるかも、混同誤認のおそれの判断に影響を与える。「混同誤認のおそれ審査基準」の規定によれば、悪意である場合の例として、商標権者から中国語文字の商標について使用権が設定・許諾された者が、後にその中国語に対応する英文字を商標として出願した場合などが挙げられている。逆に、出願人による出願が善意であれば、混同誤認のおそれは生じないという主張を補足する事実としてある程度有用である（当然、他の考慮要素と総合判断される）。

（7）その他

「混同誤認のおそれ審査基準」には次のように記載されている。「商品の販売チャネルや役務の提供場所が同一である場合、消費者は2つの商標に同時に触れる機会が増すため、混同誤認のおそれが生じやすいと認定される可能性が高まる」。また、同じ飲食物の提供役務であっても、高級ホテルでの提供と屋台での提供では、混同誤認のおそれが生じるとは限らない。

2．逆混同（reverse confusion）

「逆混同」とは、先願商標権者が市場において劣位にあり、後願商標権者（又は出願人、以下同様）が市場において優位又は著名である場合、先願商標権者が提供する商品又は役務は後願商標権者によるものであるという誤った印象を消費者に生じさせ、混同誤認を招くおそれがある状態のことをいう。

「逆混同」概念は米国から唱えられたものであるが、台湾商標実務においては多くの論争がなされ、台湾司法裁判所もかつて2015年「知的財産法律座談会」において「逆混同」に関して討論を行ったが、共通認識を築くには至らなかった。知的財産裁判所は2014年の「澪MIO」事件[96]において「逆

---

[96]　知的財産裁判所 2014 年行商訴字第 137 号

混同」理論の適用を認めたが、その上告審において最高行政裁判所は、「逆混同」理論は先願主義に反するとし、原判決を取り消した。以下にこの最高行政裁判所判決を紹介する。

■　澪 MIO 最高裁事件（最高行政裁判所判決2016年判字第465号）
結論：混同誤認のおそれなし（「逆混同」採用せず）
商標：

本件商標	引用商標
澪 MIO	MIO

指定商品・役務：酒（ビールを除く）など

判断

　本件商標と引用商標を全体的に比較すると、前者は漢字「澪」、後者はブドウの図形という相違があるものの、本件商標における「澪」という漢字は、中国語においては使用頻度が低い漢字であり、また、引用商標で使用されているブドウの図形は、称呼が生じづらく、かつ独創性の高い要素である。これら要素に対し、外国語部分は消費者にとって比較的に称呼又は識別しやすい要部となり得る。本件商標及び引用商標ともに同一の外国語文字が使用されており、消費者からすれば、当該外国語文字を呼称又は識別の対象とすることが自然である。以上より、本件商標と引用商標は類似する。

　台湾商標法は「先願主義」を採用しており、先願に係る登録商標が高い著名性を有しない又は関連消費者に普遍的に知られていないとしても、先願に係る権利者は法に基づき権利を主張することができる。原判決では、本件商標は引用商標より後に出願がされているが、本件商標は広告宣伝等により、引用商標に比べて関連消費者に熟知されているため、本件商標を

より保護すべきであるとしているが、これは明らかに先願主義の原則に反する。また、後願に係る商標の市場知名度により先願に係る登録商標の商標権を損なうことは許されず、市場の公平な競争を維持するため、豊かな資金力を有する企業が販売・広告能力により先願に係る登録商標を奪い取ることを防止しなければならない。

３．コンセント（併存登録）

　商標法第30条第１項第10号のただし書において、「先登録商標又は先の出願の商標所有者の同意を得た場合であって、かつ明らかに不当ではない場合は、この限りではない」と規定されている。つまり、台湾ではコンセント（併存登録）という制度が存在する。コンセントとは、出願した商標が第30条第１項第10号に該当する場合であっても、このただし書の規定により、先行権利者又は先行出願人の同意を得ることで、第30条第１項第10号の不登録事由には該当しなくなる。また、「明らかに不当」な場合とは、例えば、商標が同一であり指定商品・役務も同一である場合を指す。このような場合は、たとえ先行権利者又は先行出願人の同意を得たとしても、ただし書の規定には該当しない。

　コンセントの注意点として、まず、実際にこのコンセントを利用するためには、先行権利者又は先行出願人と交渉を行うこととなるが、コンセントの同意を得るためには、先行権利者又は先行出願人から対価を要求される場合も少なくない。次に、先行権利者又は先行出願人Ａは、後願出願人Ｂによる商標のコンセント登録に同意し、後にＡがこの商標と類似する商標を出願した際には、Ｂからコンセント登録の同意を得なければ、登録を受けることができない[97]。

---

[97]　商標法施行細則第33条

第三節　商標法第30条第1項第8号

　品質誤認の不登録事由に関し、商標法第30条第1項第8号には次のように規定されている。「商品又は役務の性質、品質又は産地を公衆に誤認誤信させるおそれがあるもの」。本規定の趣旨は、商標を構成する文字と指定商品・役務との不実な関係を制止し、消費者が商標の外形、称呼、観念と指定商品・役務との不一致を原因として品質に対し、誤認誤信をして損害を被ることを防止する点にある。

1．要件

　本号は、商標の内容によって、商品・役務の出所が商標より示された産地である、商品・役務が商標より示された成分を含むと消費者に認識させるが、実際には商品・役務の出所は別の産地である又は商品・役務は当該成分を含まないため、消費者に誤信を生じさせることを要件とする。また、その誤信は消費者が商品・役務を購買する際の決定に大きな影響を与える要素となっていなければならない[98]。

　商標の中に比較的著名な地域名が含まれ、出願人や権利者が当該地域で指定商品の生産、製造等や指定役務の提供等を行っているとは認められない場合、本号の規定が適用される可能性がある。例えば、ワイン等を指定商品とした「太武山」という商標について本号が適用されて無効とされた事例[99]（太武山は台湾の金門県にある有名な山であるが、使用されるワイン等の出所は金門県とは無関係）や、麺類等を指定商品とした「さぬき」という日本語の商標について本号が適用されて無効とされた事例[100]がある（権利者は台湾企業、日本の地域である讃岐とは無関係）。

---

[98]　沈宗倫、「商標包含産地說明性與有致誤認誤信之比較與區辨」、「智慧財產權月刊」、223 期、2017 年 7 月、28 ページ

[99]　最高行政裁判所 2009 年判字第 780 号

[100]　最高行政裁判所 2012 年判字第 213 号

２．事例紹介

■　酷咖啡事件（知的財産裁判所2017年行商訴字第48号）

結論：品質誤認

商標：

本件商標

指定商品・役務：茶、ココア、パンなど

　本件における商標は、王冠と盾が上下に配列され、盾には白の楕円系の中に黒色の動物が描かれ、また、白い横長リボンの中に「酷咖啡」という文字が記されている。ここで中国語の「酷」は「クールな」という意味であり、「咖啡」はコーヒーの意味である。指定商品は第30類の茶、ココア等であり、コーヒーは指定されていない。

判断

　商標法第30条第１項第８号規定の適用については、商標そのものと指定商品との関連性から判断する必要がある。つまり、商標全体の外観、観念、称呼を観察し、それらと指定商品又は役務との関連性、及び市場取引の実際の状況を合わせて考慮し、指定商品又は役務の消費者における認識、感知を基準とする。

　本件商標の文字「酷咖啡」について、この言葉はコーヒー商品に対して称賛を表す意味であり、関連消費者は通常この言葉を商品又は役務の出所標識とはみなさず、一般消費者からすればコーヒー商品以外を形容するものとしての認知は存在しない。よって、本件商標は指定商品「茶、ココア……」そのものの性質、品質、産地とは直接関連するものではなく、商標として使用された場合、公衆に商品又は役務の性質、品質又は産地を誤認させるおそれがある。

第四節　商標法第30条第 1 項第11号

　著名商標／標章の保護に関する不登録事由として、商標法第30条第 1 項第11号に次のように規定されている。「他人の著名な商標又は標章と同一又は類似であり、関連公衆に混同誤認を生じるおそれ、又は著名商標若しくは標章の識別力若しくは信用名声を希釈化するおそれがあるもの」。また、本号ただし書において、当該著名な商標又は標章の保有者から同意を得た場合は、本号の規定に該当しないと規定されている。

　著名商標とは、商標が表す識別力及び信用や名誉が消費者に熟知されているものを指し、商標が関連消費者に普遍的に認知されていると客観証拠により認定するに足りる場合は、当該商標は著名であると認定する[101]。また、混同誤認のおそれに関する判断は、第30条第 1 項第10号（他人の先願又は先登録商標と類似し混同誤認のおそれがある）の場合と同様に「混同誤認のおそれ審査基準」に基づいて行われる。「混同誤認のおそれ審査基準」に基づいた判断の詳細は第三編第一章第二節を参照されたい。

1．前段規定と後段規定の違いについて

　本号の規定は、前段の規定「関連公衆に混同誤認を生じるおそれがある」と後段の規定「著名商標若しくは標章の識別力若しくは信用名声を希釈化するおそれがある」に分けることができる。そして、現在の行政・司法実務において、前段と後段の規定では要求される著名の程度が異なるとされている。原則として、後段の規定における著名商標に対しては高い著名度が要求される。他人が著名商標と同一又は類似の商標を出願し、混同誤認が生じるおそれがある場合、前段の規定を適用すれば十分である。しかし、この前段の規定、すなわち混同誤認のおそれによる保護では、混同誤認は生じていないが著名商標の識別力又は信用名声が希釈化された状況を有効

---

[101]　商標法第 30 条第 1 項第 11 号著名商標保護審査基準 2.1.1

的に保護できないという問題が生じる。こうした観点から、著名商標により一層の保護を与える後段の規定が制定されるようになった。よって、後段では前段の規定に比べ商標の著名度に対する要件が高く、関連消費者のみならず一般消費者にも熟知されている商標でなければならない[102]。

２．著名商標か否かの判断

「商標法第30条第 1 項第11号著名商標保護審査基準」（以下、著名商標保護審査基準という）によれば、商標が著名であるか否かの判断における参酌要素として、以下の 8 つが挙げられている。

① 商標識別力の強さ

② 関連消費者が商標を認知・認識している程度

③ 商標の使用期間、範囲及び地域

④ 商標の宣伝期間、範囲及び地域

⑤ 商標が出願又は登録されているか否か、登録、出願の期間、範囲及び地域

⑥ 行政又は司法機関より著名であると認定された状況

⑦ 商標の価値

⑧ その他

同様に「著名商標保護審査基準」によれば、上述した参酌要素に基づく著名商標の判断において、次の証拠により証明することができる。

① 販売レシート、輸出入書類及びその販売数量、市場占有率、販売統計等

② 台湾内外の新聞、雑誌又はテレビ等のマスコミにおける広告

③ 販売拠点及び販売ルートの設置状況及び時間

④ 市場における商標の評価、鑑定価格、販売額順位、広告額順位又は営業状況等

⑤ 商標の使用開始時点及び継続使用状況等

---

[102]　最高行政裁判所 2016 年 11 月第 1 次庭長官聯席會議決議

（会社の沿革や概要、看板設置時期等）

⑥　商標の台湾内外における登録

⑦　公信力のある機関から発行された関連証明又は市場調査報告等

⑧　行政又は司法機関による関連認定書類

　　（異議申立決定、無効審決、訴願決定や判決）

⑨　その他証明資料

　　（台湾内外の展覧会、展示会での商品展示又は販促サービス等の証拠）

3．事例紹介

　まず、商標法第30条第1項第11号の後段規定が適用された事件を取り上げる。

■　FERRARI 事件（知的財産裁判所2019年行商訴字第24号）

結論：引用著名商標の識別力希釈化のおそれあり

商標：

本件商標	引用商標1	引用商標2
FERRARI	**Ferrari** *challenge*	**Ferrari**
第45類 夜間の警備、保安警備	第41類 自動車競技の展示会運営	第35類 食品の小売卸売等

判断

　引用商標の権利者である「FERRARI S.P.A.」は、世界的に著名な自動車メーカーかつ世界四大スポーツカーブランドであり、「FERRARI」という語が表す意義は高級スポーツカーの代名詞となっている。「FERRARI S.P.A.」は台湾において1984年から多数の商標権を取得し、市場規模拡大のため、フラッグシップ・ストアを開設して商品販売を行い、積極的に異業種とのコラボレーションを進めている。引用商標の商品における消費者群は、スポーツカー関連の富裕層消費者から、一般的な日用品関連の消費

者まで広がっていると認められる。すなわち、引用商標の商品を購入するのは富裕層や専門業者のみではなく、一般消費者であっても購入する可能性がある。引用商標は各種メディアで多く取り上げられ、また、権利者より長期広範にわたって使用されていることから、一般消費者は引用商標の商品を購入することはないとしても、その存在を知っているはずである。よって、引用商標は一般消費者においても熟知されている著名度を有すると認められる。

　以下は民事侵害事件であるが、著名商標であるか否かの認定について詳細に検討された事件であるため、紹介する。

■　TutorABC vs. 僑光大学事件（知的財産裁判所2013年民商上字第3号）
結論：原告商標は著名であり、侵害
商標：

原告商標
TutorABC

指定商品・役務：広告企画、広告デザイン、雑誌の編集、学習塾における
　　　　　　　　教授など

　本件の一審判決では、原告商標「TutorABC」は著名商標とはいえないこと、及び被告の行為は商標的使用に該当しない等の理由により、原告敗訴の判決が下された。しかし、本件二審判決では、原告商標は著名であり、被告の行為は商標的使用に該当するという一審とは全く異なる見解が示された。以下では著名商標の認定に関する部分を紹介する。

判断

　商標が著名であるか否かは、台湾の関連事業又は消費者を基準として判断する。ここでいう関連事業又は消費者の範囲は以下のとおり。

① 商標又は標章が使用された商品又は役務の、実際の消費者又は可能性のある消費者

② 商標又は標章が使用された商品又は役務の販売ルートに係る者

③ 商標又は標章が使用された商品又は役務を取り扱う関連業者

　原告は会社設立以来、販売促進のために毎年多額の資金を商品広告に費やしており、台湾の主要雑誌などの各種メディアや「YAHOO 奇摩」などのウェブサイトへの広告掲載、街頭での看板設置、ラジオ番組での広告など、こうした広告にかけた費用は１億元以上である。また、提出された証拠資料によれば、原告のサービス利用者数は500万人以上であり、同社はこれまでに、経済部工業局デジタル学習国家型科技計画の「創新応用特優賞」及び「学習ネットワーク案例最も良賞」「経済部第８回 e-21 大金網優質賞」を受賞している。そして、市場調査会社による2009年度ウェブ広告に関する調査報告によると、原告はインターネット広告主ランキングで４位、インプレッション量は87.07％に上る。

　以上により、原告は多額の資金を商品広告やマーケティングに費やすことで多額の効果・収益を得ており、本件商標が英語オンライン学習の分野において、極めて高い知名度を獲得していることが認められる。よって、本件商標を著名商標と認めることができる。

■　優西西 UCC 事件（中台異字第01080019号異議申立決定）

結論：引用著名商標の識別力希釈化のおそれあり

商標：

本件商標	引用商標1	引用商標2
優西西 UCC	ｕｃｃ	UCC
第41類 ガイド付き見学ツアー、 室内飼育観賞用水槽の貸与	第30類 コーヒー、茶など	第43類 飲食物の提供等

判断

　UCC 社は1933年に設立されたコーヒーメーカーで、1974年に台湾で各種茶、コーヒー等商品を指定し「UCC」商標を出願している。この出願に続き、台湾で多数の区分において「UCC」商標を出願し登録を受けている。また、世界各国で商標登録されており、商品も世界各国で販売されている。台湾において UCC 社も引用商標の商品を紹介する製品カタログの制作や、各メディアでの宣伝活動を継続的に行い、同社の商品は多数のニュースやブログなどで紹介されている。「UCC」商標は1996年から多くの事件において台北地方裁判所及び台湾特許庁から著名商標と認定されている。よって、本件商標の出願時には、UCC 社の「UCC」商標が台湾の一般消費者の間で広く認識される著名度の高い商標であったと認められる。

　商標の類否に関し、本件商標と引用商標はいずれも「UCC」を有し、また、本件商標の「優西西」と「UCC」の称呼は限りなく近い。「優西西」は中国語で特別な意味を有する語ではないことから、「UCC」と合わせて配置されると、これは「UCC」の読みからとった中国語訳であることは消費者にとって明らかである。よって、本件商標と引用商標の類似度は高い。

　台湾において商品・役務を問わず「UCC」を含む商標であって現存している商標権は、本件商標と引用商標以外では、3件しか存在しない。よっ

て、引用商標が異なる商品・役務において第三者から使用されている程度は非常に低い。よって、本件商標が指定商品・役務で登録された場合、引用商標の信用名声が希釈化されるおそれがある。

　本件商標の指定役務は「ガイド付き見学ツアー、室内飼育観賞用水槽の貸与」であり、これは引用商標のコーヒー関連商品とは性質が大きく異なるものである、と権利者は主張する。しかし、引用商標の知名度の高さを考慮すると、本件商標の登録が許可され広く使用されるようになれば、引用商標の「UCC」の一般公衆における単一の連想又は独特な印象が弱まる可能性がある。よって、引用著名商標の識別力を希釈化させるおそれがないとは言い難い。

第五節　商標法第30条第１項第12号

　商標法第30条第１項第12号は、他人の商標の意図的な模倣に係る出願を不登録事由として規定している。「同一又は類似の商品又は役務について、他人が先に使用している商標と同一又は類似のものであり、かつ出願人が当該他人との契約上、地理上若しくは事業取引又はその他関係によって、前記商標の存在を知り、意図的に模倣し出願した場合」。本号の趣旨は、他人と特定の関係を有することにより他人が先に使用している商標を知って模倣の意図で当該他人の商標を出願することは、市場の公平競争秩序を害するため、これを防止することにある。

１．本号の要件
　本号の規定が適用される要件は以下の４つである。

（1）他人が先に使用している商標と同一又は類似であること
　「先に使用している」とは、出願に係る商標が実際に使用された日よりも先である絶対的先使用を指すのではなく、出願に係る商標の出願日よりも前に他人の商標が使用されていることを指す。よって、本号の規定によ

り異議申立てや無効審判を行う者からすれば、異議申立て又は無効審判の対象となる商標の出願日より前に、自身の商標が使用されていることを立証しなければならない。また、使用は台湾における使用に限定されず、海外で先に使用されている場合も含まれる。

(2) 商品・役務が同一又は類似であること

(3) 他人と契約上又はその他関係によって、前記商標の存在を知ったことこの事実を立証するための資料として、以下のものが挙げられる[103]。
① 先使用者と出願人との間のメール、領収書、購買資料
② 先使用者と出願人との間の親族関係、契約関係の証明書
③ 先使用者と出願人の営業地点が同じ街道にある又は近接していることを証明する資料
④ 先使用者と出願人が株主、代表者、社員等の関係であることを証明する文書
⑤ その他
　また、「その他関係」とは、出願人と他人の間に「契約上、地理上若しくは事業取引」等に類似する関係により他人の商標を知り、先取り出願したことと解釈すべきであり、事業取引は存在しないが台湾内外の関連又は競争同業者の間に業務経営関係があり、他人の商標の存在を知った場合も、本号における「その他関係」に属する[104]。これは、つまり自身の商標を他人に模倣された場合であって、他人とは特に契約や地理的関係性を有しないが、自身の商標の知名度が高く（ただし、著名商標までの知名度はない）フリーライドする価値がある場合に、本号の規定が適用される。

---

[103]　「台湾特許庁編商標法逐条釈義」97 ページ
[104]　最高行政裁判所 2014 年度判字第 710 号

（4）意図的に模倣したと認められること

各事件における先使用商標に独創性があるか、市場でのマーケティング状況などの客観的事実を基に、契約上、地理上若しくは事業取引又はその他の事実及び証拠等も合わせて、「意図的な模倣」があるか否かを判断する。もし、出願人に合理解釈可能な理由又は正当な理由があると認められる場合、意図的な模倣とは認められないとした事件がある[105]。

２．事例紹介

まず、契約上、地理上若しくは事業取引などの特定関係を有することで商標を知り、意図的に模倣したと認定された事例を２件取り上げる。

■　錠崒生命禮儀事件（知的財産裁判所2015年行商訴字第13号）
結論：意図的な模倣に該当
商標：

本件商標	引用商標1	引用商標2

判断

権利者の法定代理人は異議申立人が経営する保険会社と保険契約を結んでおり、この保険契約の関係により引用商標に接触し、その存在を知ったことが認められる。また、権利者と異議申立人の住所は台北市又は新北市であり、地理的関係を有する。したがって、権利者は異議申立人と契約及び地理上の関係により引用商標の存在を知ったことが認められる[106]。

■　CRW 事件（知的財産裁判所2016年行商訴字第67号）

結論：意図的な模倣に該当

商標：

本件商標	引用商標
CRW	

判断

　本件商標は「CRW」文字であり、引用商標には「CRW」文字が含まれるため、両者の類似度は極めて高い。権利者は本件商標を採用した経緯として、「オーダーメード品を製造する事業をするため、『customer relationship workshop』という語を選び、『CRW』はこれの略である」と主張するが、権利者はこの主張を証明する証拠も特に提出していない。よって、権利者が「CRW」を出願したことに、合理的かつ特殊な根拠又は正当な理由がないことが認められる。

　権利者は水栓メーカーの取締役であり、当該企業の営業項目には法廷でも中国の第三者が先使用している商標の浴室製品の代理をしていると証言していた。中国の浴室製品ブランドに対する理解があり、かつ地縁及び業務上の取引関係を有していることを踏まえると、先使用商標に接触した可能性があると考えらえる。よって、本件商標権者は先使用商標に接触した後、それを意図的に模倣し、本件商標を出願したと合理的に認定できる。

---

[106]　なお、本件では模倣の意図については特に検討されることなく、第12号規定適用を認めている。これは商標が高度に類似すること、契約により引用商標の存在を知ったことが明らかであること等の理由によると考えられる。

　次に「その他関係」を有することで商標を知り、意図的に模倣したと認定された事例を1件取り上げる。

■　利久事件（中台評字第H01070186号無効審決）
結論：意図的な模倣に該当、無効
商標：

本件商標	引用商標1	引用商標2
利久 RIKYU リキュウ		牛たん利久

判断

　本件商標権者は審判請求人と同じく飲食店を経営する業者であること、引用商標は既に日本で長期にわたり使用されていること、日本及び台湾の観光・貿易は活発であり、多くの台湾人がインターネット上に審判請求人のレストランに関する記事を多数投稿していること等を踏まえると、本件商標権者がこれらの情報から引用商標を認知することは難しくない。よって、本件商標権者が引用商標と高度に類似する本件商標を出願したことが偶然とは考えにくい。

　本件商標権者は、本件商標は日本の歴史上の人物「前田利久（トシヒサ）」及び日本人学生「利久○○」からインスピレーションを受けたものであり、独自の由来があると主張する。しかし、「前田利久」の読みと本件商標の称呼は全く異なり、「利久○○」という名字は日本の地方にある某学習塾が発行した電子出版物に登場するにすぎない。この点について、本件商標権者は合理的な釈明ができていない。また、本件商標権者は以前にも他人の商標を模倣出願し、当該他人から無効審判を請求され無効審決となった記録も存在する。以上の事実を勘案すれば、本件出願には模倣の意図があると認められる。

第六節　商標法第30条第 1 項

これまで紹介してきた不登録事由以外のものを簡単に紹介する。

1．商品・役務の機能を発揮するために必要なもののみからなる商標（第 1 号）

商品又は役務の機能を発揮するために必要なもののみからなる商標は登録を受けることができない。本号は特に非伝統的商標において、問題となる場合が多い。例えば、商品の立体形状である立体商標や商品の包装容器の立体形状である立体商標の場合、本号が適用される可能性がある。また、動き商標やホログラム商標、そして音商標も本号の適用が問題となり得る。

本号において「のみからなる」と規定されているように、商標の一部が商品・役務の機能を発揮するために必要なものであっても、商標全体としては商品・役務の機能を発揮するために必要なものではない場合、本号は適用されないが、商標に含まれる商品・役務の機能を発揮するために必要な部分について、商標の権利範囲に疑義が生じるおそれがある場合は、出願人はその部分を専用としない旨（ディスクレーム）をしなければならない（第30条第 4 項）。

2．台湾又は外国の国旗、紋章と同一又は類似するもの（第 2 号）

台湾の国旗、紋章、国璽、軍旗、軍の徽章、印章若しくは勲章、又は外国の国旗と同一又は類似するものは登録を受けることができない。ここでいう外国は台湾と外交関係があるか否かは問わない。さらに世界貿易機関（WTO）の加盟国がパリ条約第 6 条の 3 （3）によって通知した外国の紋章、国璽又は国の徽章と同一又は類似するものも、登録を受けることができない。

3．台湾の国父又は国家元首の肖像又は氏名と同一であるもの（第3号）

　台湾の国父、すなわち孫文、又は国家元首（現在における総統）の肖像又は氏名と同一のものは、登録を受けることができない。なお、本号では類似する場合は対象外であるが、台湾の国父又は国家元首の肖像又は氏名と類似するものであっても、公序良俗違反（第7号）や品質誤認（第8号）が適用される可能性がある。

4．台湾の政府機関の標章、台湾の政府機関が主催する博覧会の標章又は台湾の政府機関が発給する表彰状と同一又は類似するもの（第4号）

　ここでいう政府機関の標章とは中央及び地方の政府機関の標章を含む。また、出願人が政府機関である場合は本号は適用されない（第30条第3項）。

5．政府間国際機関又は台湾内外で著名な公益性を有する機関の徽章、旗、その他の記章、略語、名称と同一又は類似するものであって、混同誤認を生じさせるおそれがあるもの（第5号）

　パリ条約6条の3の要請に基づく規定であり、政府間国際機関とは「international intergovernmental organizations」を指す。政府間国際機関とは例えば国際連合（UN）、アジア太平洋経済協力（APEC）、欧州連合（EU）や世界貿易機関（WTO）などが挙げられる。台湾内外で著名な公益性を有する機関とは例えば赤十字国際委員会（ICRC）、国際オリンピック委員会（IOC）、グリーンピース（GREENPEACE）や台湾の仏教慈済慈善事業基金会（中国語：佛教慈済慈善事業基金會）などが挙げられる。また、第4号と同様、出願人が政府間国際機関又は台湾内外で著名な公益性を有する機関である場合は本号は適用されない（第30条第3項）。

6．台湾内外で品質管理又は検査を表すために用いる国の標識又はマークと同一又は類似するものであって、商品又は役務が同一又は類似であるもの（第6号）

　本号は商標が付された商品は品質検査を経たものであると誤認すること

を防ぐための規定である。「台湾内外で品質管理又は検査を表すために用いる国の標識又はマーク」とは例えば、台湾の国家標準である CNS（Chinese National Standards）や、欧州の基準適合マークである CE マークが挙げられる。本号は商標が同一又は類似であり、かつ商品・役務も同一又は類似の場合に限り、適用される。ただし、商品・役務が非類似であっても、場合によっては品質誤認（第 8 号）の不登録事由に該当する可能性はある。

7．公序良俗違反（第 7 号）

　公の秩序又は善良の風俗を害するものは登録を受けることができない。本号に該当する例として、犯罪、暴力や暴動を扇動するおそれのあるもの、国家の尊厳を損ねるもの、卑猥、差別的な印象を与えるものが挙げられる。また、歴史上の人物の氏名と指定商品又は役務との関連性において、侮辱や負のイメージを連想させる場合も本号に該当する可能性がある。

8．ぶどう酒又は蒸留酒の産地の表示（第 9 号）

　台湾又は外国のぶどう酒又は蒸留酒の産地表示と同一又は類似し、指定商品・役務がぶどう酒又は蒸留酒と同一又は類似するものであって、当該外国と台湾が協定を締結している、又は国際条約に共に参加している、又はぶどう酒若しくは蒸留酒の産地表示の保護を相互に承認しているものは、登録を受けることができない。また、第 4 号及び第 5 号と同様、出願人が産地表示の政府機関又は関連機関である場合、本号は適用されない（第 30 条第 3 項）。

9．他人の肖像又は著名な氏名、芸名を有するもの（第 13 号）

　他人の肖像又は著名な氏名、芸名、ペンネーム、屋号を有するものは登録を受けることができない。ただし、当該他人の同意を得たものは登録を受けることができる。他人の氏名、芸名、ペンネーム、屋号の場合は著名である場合に限り、本号が適用される。著名であるか否かの判断は、出願時を基準とする（第 30 条第 2 項）。本号は人格権の保護を趣旨とすること

から、現存する者の肖像や氏名等に限られる。

10. 著名な法人、商号又はその他団体の名称を有し、混同誤認を生じさせるおそれがあるもの（第14号）

　著名な法人、商号又はその他団体の名称を有し、混同誤認を生じさせるおそれがあるものは登録を受けることができない。ただし、当該法人等から同意を得たものは登録を受けることができる。著名であるか否かの判断は、出願時を基準とする（第30条第2項）。本号における法人、商号又はその他団体の名称は、法に基づき登記されていることが前提とされる。また、出願に係る商標の文字が、著名な法人、商号又はその他団体の名称の「特取部分」と同一である場合に限り、本号が適用される。ここでいう「特取部分」とは、営業種類を示す文字（例えば「工業」「商業」等）や股份有限公司（株式会社）や有限公司（有限会社）等の組織形態を示す文字を除いた部分のことを指す。著名な法人名称が「AAA工業股份有限公司」であり、出願に係る商標が「AAA」の場合、本号が適用される。

11. 他人の権利を侵害するもので判決が確定したもの（第15号）

　他人の著作権、専利権又はその他権利を侵害するものであって、判決が確定したものは登録を受けることができない。ただし、他人から同意を得たものは登録を受けることができる。

こぼればなし

模倣品を大量購入・輸入する行為は、
商標法第97条「販売の意図」に該当するか否か？

　台湾商標法第97条は、他人の商標権を侵害する商品であることを明らかに知りながら販売、又は販売を意図して所持、展示、輸出、もしくは輸入した場合は、刑事罰に処されると規定している。しかし、どのように「販売の意図」の有無を判断するのだろうか？

　2017年、王氏は中国のECサイトから50個のイヤホンを購入したが、台湾の税関検査でイヤホン全てが米国のオーディオブランド「Beats」の模倣品であることが判明し、王氏は大量の模倣品を販売目的で輸入した疑いで検察に起訴された。

　検察官は「王氏は50個のイヤホンを12,500台湾ドルで購入しているが、12,500台湾ドルもあれば、Beats純正のBluetoothイヤホンを1つ購入することができる。常識的に考えて、いくら安かったとはいえ、王氏1人で使用するのであれば、粗悪で故障しやすいイヤホンを50個も購入する必要はない。販売目的で安価な模倣品のイヤホンを購入したことは明らかである」と指摘した。

　本件は2020年、知的財産及び商事裁判所から「イヤホンの使用目的や消費習慣は個人により異なり、今回の大量購入は王氏にとってイヤホンが消耗品であった可能性や、セール価格だったために多数購入し友人らとシェアしようとした可能性もあるため、一度に50個の模倣品のイヤホンを購入したからといって、王氏に販売の意図があったと認めることはできない」という判決が下された。また、検察官及び商標権者は「Beats」が台湾で高い知名度を有し、一般消費者に広く認識されていることを十分に証明できなかったため、裁判官から「王氏はイヤホンが模倣品だと知りつつも台湾へ輸入し、販売しようとした」という心証を得ることができず、王氏の行為は商標法第97条の規定に違反しないと判断された。

　本件では、模倣品の購入数量は「販売の意図」を判断する直接的な根拠とはならないとされた。商標権者からすれば、模倣品対応の重要な突破口が減ったことは確かだが、税関登録制度を利用し、模倣品が輸出入されていないか監視を行うことはできる。また、万が一商標権侵害にあった場合にスムーズに立証が行えるよう、広告やCM等へ適宜投資を行い、商標の知名度を上げる対策をとることが好ましい。

第二章　一般的な拒絶理由の対応方法及び情報提供

　本章では、まず第一節において、前章で紹介した拒絶理由のうち一般的な拒絶理由に対する具体的な対応方法を紹介する。そして、第二節では情報提供制度について紹介する。

第一節　一般的な拒絶理由の対応方法

１．応答期限

　拒絶理由の応答期限は、拒絶理由通知の送達日から１カ月（在外者の場合は２カ月）である。そしてこの期間は、１カ月（在外者の場合は２カ月）延長することができる。延長可能な回数については特に規定がなく、審査官の裁量により異なる。延長申請を行った後に「再度の延長を認めない」旨の通知がされるまで、延長を行うことができる。一般的に少なくとも１回の延長は認められ、場合によっては３回から４回の延長が認められる。

２．拒絶理由別の対応方法

　一般的によく見られる拒絶理由は主に以下の５つである。ここでは、それぞれの拒絶理由に対する対応方法を述べる。

（1）識別力を有しない（第29条第１項）

　普通名称・慣用名称である、又は指定商品・役務において記述的である等の識別力を有しない拒絶理由に対しては、まず、審査官の認定は不当であり商標は識別力を有すると主張する意見書を提出することが考えられる。ただ、台湾では特に商標が指定商品・役務において記述的であるか否かの判断が厳しい傾向にあるため、意見書による拒絶理由の解消はそれほど容易ではないが、台湾で実際に使用され、消費者が出所を示す標識とし

て認識していることの証明等ができれば、効果的である。

　また、もし台湾で商標を長期広範にわたって使用している場合、関連証拠を提出して使用による識別力を獲得したことを主張することも可能である。使用による識別力の認定に関する証拠の種類及び事例については、第一章第一節 2 も参照されたい。

（2）権利不要求（ディスクレーム）をしていない
　　　（第29条第 3 項、第30条第 4 項）
　商標の一部において識別力を有しない部分があるものの、全体としては出所を識別する標識となっている場合の拒絶理由に対して、最もよく採られる対応方法は、当該部分に対してディスクレームをする方法である。ディスクレームをすることで、当該拒絶理由は解消する。一方、当該部分は識別力を有する旨の主張をすることなくディスクレームもしない場合、出願は拒絶となる。注意点として、ディスクレームは分割や指定商品・役務の減縮と同じく、拒絶査定前に行わなければならない。

（3）品質誤認（第30条第 1 項第 8 号）
　商標より示される産地は正しい商品・役務の出所であることや、商標より示された成分は商品・役務において実際に含まれるため、消費者に誤認誤信は生じないということを立証する必要がある。よって、実際に商標が使用される商品・役務の出所や成分を示す資料や文書を提出することが好ましい。

（4）他人の先願又は先登録商標と類似し、混同誤認のおそれがある（第30条第 1 項第10号）及び他人の著名商標／標章と類似し、混同誤認又は識別力の希釈化等のおそれがある（第30条第 1 項第11号）
　この 2 つの拒絶理由は規定内容は異なるが、いずれも他人の商標／標章が障害となる場合である点で共通し、対応方法に大きな差異はないため合わせて説明する。

意見書の提出

　出願に係る商標と拒絶理由で引用された商標において、商標が非類似であること、商品・役務が非類似であること等を主張する。第30条第1項第10号及び第30条第1項第11号前段規定の場合は、混同誤認のおそれが要件となっているため、「混同誤認のおそれ審査基準」に記載されている考慮要素に沿って主張することが好ましい（第一章第二節1を参照）。第30条第1項第11号後段規定の場合、これは他人の著名商標／標章の識別力の希釈化についての拒絶理由であるため、意見書においては当該著名商標／標章の識別力希釈化をしない点を強調することが必要となる。また、第30条第1項第11号は著名商標／標章が対象であることから、意見書においては引用商標が著名ではないことを主張することも必要である。

コンセント（併存登録）

　既に述べたように、商標法第30条1項10号又は第11号に該当する場合であっても、このただし書の規定により、先行商標の所有者の同意を得ることで、当該不登録事由には該当しなくなる。コンセントの注意点として、まず実際にこのコンセントを利用するためには、先行商標の所有者と交渉を行うこととなるが、コンセントの同意を得る条件として、先行権利者又は先行出願人から対価を要求される場合も少なくない。また、交渉が長期化する可能性もある。よって、応答期間内にコンセントの同意書が得られないと判明した際には、台湾特許庁に審査の中止を求める書面を提出する。

　先行商標の保有者から同意が得られた場合は、台湾特許庁に同意書を提出することで、拒絶理由が解消する。

不使用取消審判の請求

　引用商標が登録されてから3年が経過している場合、不使用取消審判の請求が対応手段として考えられる。不使用取消審判の審理は所要期間として最低でも半年は必要となるため[107]、不使用取消審判を請求した際には、

---

[107]　審決が出た後も、相手は不服申立てとして訴願や行政訴訟を提起することが可能であるため、場合によっては審決が実際に確定するまではさらに長い期間を要する。

台湾特許庁に審判請求の事実を伝えるとともに、審査の中止を求める書面を提出する。取消審決が確定した際は、台湾特許庁に対してその事実を伝える書面を提出することが好ましい（台湾特許庁は審決確定を即時に認識していない場合もあるため）。不使用取消審判の詳細は後述する（取消審判については第五編第三章を参照）。

<u>指定商品・役務の減縮</u>

引用商標の指定商品・役務（未登録の場合、又は実際に使用されている商品・役務）の範囲と、自己の商標の指定商品・役務の範囲を比較し、引用商標の商品・役務と抵触する部分について権利化を断念し、抵触しない部分についてのみ権利化できればよい場合には、当該抵触する商品・役務について削除することで、拒絶理由は解消する。

<u>分割</u>

出願に係る指定商品・役務のうち、一部の商品・役務についてのみ引用商標の商品・役務と抵触する場合は出願の分割を行うことも検討すべきである。出願の分割を行うことで、引用商標の商品・役務と抵触しない商品・役務については早期権利化をすることができ、残りの商品・役務については上述した各種対応方法を改めて検討することができる。出願の分割を行った場合、一般的に引用商標の商品・役務と抵触しない商品・役務に係る出願については、ほどなく登録査定が下され、引用商標の商品・役務と抵触する商品・役務に係る出願については、別途通知書が送付され当該通知書において新たな応答期限が指定される。この応答期限は出願人が在外者であっても１カ月であることに注意が必要である（延長することは可能）。

第二節　情報提供

1．概要

台湾においても、他人の商標登録出願に係る商標において不登録事由を有すると考える場合、審査期間中に台湾特許庁に対して書面で意見書を提出することができる、いわゆる情報提供制度が存在する。台湾特許庁は情

報提供制度に対して、別途「商標登録出願に対する第三者の意見書に関する作業要点」を定めている。

２．制度の詳細

（1）情報提供をすることができる者

　商標登録出願の出願人以外の何人も、情報提供を行うことができる。また、情報提供書には氏名や名称等を記載する必要はなく、匿名での情報提供が可能である。

（2）情報提供をすることができる時期

　商標登録出願の出願後から、登録査定が下されるまでの間である。登録査定後に情報提供書を提出しても審査官はこれを受理しない。また、出願が取下げ又は不受理となった場合も同様に受理されない。

（3）提供することができる情報

　情報提供の対象となる事由は、拒絶理由と同一である。すなわち、すべての拒絶理由が情報提供の対象となる。証拠の添付は必須ではないが、具体的な証拠を合わせて提出した方が審査官に意見を採用されやすくなる。「商標登録出願に対する第三者の意見書に関する作業要点」では、事由ごとに提出しなければならない証拠を以下のように挙げている。

<u>識別力不備を主張する場合</u>

　同業者間での関連文字、図形又は標識の使用状況を説明するとともに、関連証拠、例えば商標と指定商品・役務の関係、同業者の使用状況及び出願人の使用方法と実際の取引状況などの客観的証拠を提出しなければならない（第一章第一節を参照）。

<u>他人の先願又は先登録商標と類似することとを主張する場合</u>

　商標の類否及び商品・役務の類否に関する点に加え、「混同誤認のおそれ審査基準」の規定に基づき混同誤認に関して主張する必要がある（第一章第二節を参照）。

　<u>意図的な模倣であると主張する場合</u>

　商標の類否に関する点に加え、出願人と模倣された他人との間に契約、地縁、ビジネス上の取引又はその他の関係があることを証明する証拠を挙げなければならない（第一章第五節を参照）。

　<u>他人の著名商標／標章と同一又は類似であると主張する場合</u>

　商標の類否に関する点に加え、他人の商標が著名商標と認めるに足る証拠を提出しなければならない（第一章第四節を参照）。

　<u>他人の著作権、専利権又はその他権利を侵害していると主張する場合</u>

　民事訴訟の判決が確定したことを証明する文書、又は裁判所に侵害訴訟を提起したことを示す証明書類を提出しなければならない。

３．情報提供がされた場合の審査及びフィードバック

　審査官は情報提供の内容が具体的で明確かどうか、出願に不登録事由があることの有効な証拠とすることができるかどうかを参酌する。審査官が意見を採用した場合、提出された資料を出願人に送付し、意見陳述をする機会を与える必要がある。審査官が提出された資料を出願人に転送せずに意見陳述をする機会を与えた場合、情報提供書に記載の内容を拒絶査定の事実認定の基礎として採用してはならない。

　情報提供を行った第三者は商標出願手続きの当事者ではないため、審査官が情報提供書を採用したか否か、及び当該商標登録出願の最終的な審査結果について、情報提供を行った者はフィードバックされない。審査結果に対して意見がある場合、情報提供を行った者は別途異議申立てをするか又は無効審判を請求しなければならない。

第四編

商標権

第一章　商標権の設定登録及び更新

第一節　商標権の設定登録

　出願した商標について登録査定が下された場合、査定書の送達日から2カ月以内に登録料を納付しなければならない。登録料の納付後およそ1カ月後に設定登録（公告）され、登録証が交付される。商標権は公告の日から発生し、商標権の存続期間は登録日から10年である（商標法第33条第1項）。

　上記期間内に登録料を納付しなかった場合、商標は登録されない（商標法第32条第2項）。「査定書の送達日から2カ月以内」という期間は法定不変期間に該当するため、当該期間を徒過した納付は受理されない。

　しかし、例外として出願人が故意でない事由により上記期間内に登録料を納付しなかった場合、納付期間の経過後6カ月以内に2倍の登録料を納付することで権利を回復することができる。ただし、第三者がこの期間に行う出願又は商標権取得に影響を及ぼす場合は、権利回復を主張することはできない（商標法第32条第3項）。

第二節　商標権の更新

1．概要

　商標権の存続期間について更新登録を申請することができ、更新される期間は1回ごとに10年とする（商標法第33条第2項）。

　商標権の更新登録の申請は、商標権の存続期間満了前の6カ月以内に提出するとともに、更新登録料を納付しなければならない。商標権の存続期間満了後6カ月以内に申請を提出する場合は、2倍の更新登録料を納付しなければならない（商標法第34条第1項）。

　更新登録が認められた商標権の存続期間は、商標権の存続期間満了日から起算して10年とする（商標法第34条第2項）。

2．指定商品・役務ごとの更新

　台湾では更新登録の際に、全ての指定商品・役務について更新を行うこともでき、一部の指定商品・役務について更新を行うこともできる。例えば、指定商品・役務が同一区分の「被服、ベルト、履物」である場合、更新登録の対象として「被服、履物」のみとすることができる。これは区分を減らすことはできるが一部の指定商品・役務について更新をすることができない日本の規定と異なる。

3．更新登録申請後の流れ

　更新登録の申請後、審査が行われる。審査の所要期間はおよそ2カ月である。審査の結果、問題がなければ台湾特許庁は更新登録を認める旨の通知書を発行する。通知書には更新後の存続期間及び指定商品・役務が記載される。この通知書発行からおよそ1カ月後に、商標公報に更新内容が掲載される。

4．登録証の再発行

　更新登録が認められたとしても、新たな存続期間が記載された登録証は発行されない。よって、新たな存続期間が記載された登録証が必要な場合は、別途申請を行う必要がある。

第二章　登録商標の使用

第一節　「使用」の定義

　台湾では商標の使用は大きく2つに分けて定義されている。1つは商標権者が権利を維持するために行う使用で「維権使用」と呼ばれる。もう1つは他人による商標権を侵害する（又は侵害の疑いがある）使用で「侵害使用」（中国語は侵権使用）と呼ばれる。

　本章では「維権使用」について述べる。商標権者は正当な理由なく3年以上登録商標の使用をしていない又は継続して使用を停止している場合、登録商標は取消審判により取り消される可能性がある。よって、登録商標の使用、すなわち維権使用が商標法規定を満たすか否かは非常に重要な論点である。

1．商標法上の規定

　商標法第5条において、以下のように商標の使用の定義が規定されている。「商標の使用とは、販売を目的とし、以下の状況の1つを有するものであって、関連消費者にそれが商標であると認識させるに足りるもの、を指す」。そして第1号から第4号において具体的に以下の状況が列挙されている。

① 商品又は商品の包装容器に商標を用いる

② 前号の商品を所有、陳列、販売、輸出又は輸入する

③ 提供する役務と関連する物品に商標を用いる（例えば、店舗スタッフの制服、店舗営業看板に商標を付す）

④ 商品／役務と関連する商業文書又は広告に商標を用いる（例えば、レストランのメニュー、販売レシートに商標を付す）

　また、デジタルビデオ、電子メディア、インターネット又はその他媒介物の方式で商標を使用するものも同様である（第5条第2項）。例えば、テレビCM、ラジオ放送での使用や、商品・役務と関連する展覧会へ出展しマーケティングを行う行為が含まれる。

　ここで第5条の条文における「販売を目的とし」という語について説明する必要がある。本条の立法理由によれば、「販売を目的とし」とは、TRIPS協定第16条第1項における「in the course of trade」と類似する概念である、とされている[108]。日本特許庁ウエブサイトのTRIPS協定訳文[109]によれば、「in the course of trade」は「商業上」に対応する。つまり、「販売目的」は営利的性質を有する取引行為に限らず、また、有償の販売行為や譲渡行為にも限らない。商標権者が販売促進や宣伝を通して、商標と提供する商品・役務との間に密接な関係を持たせることによって、関連消費者が当該商標を認識することができ、そして当該商標により商品・役務の出所を区別できるようになった場合、当該商標の使用は販売を目的とした使用に該当すると認定される[110]。

2．主体

　維権使用における使用は、「商標権者」による使用及び使用権者（専用

---

[108]　商標法逐条釈義

[109]　https://www.jpo.go.jp/system/laws/gaikoku/trips/chap3.html

[110]　商標法第6条における「販売を目的として」における販売とは、市場販売を通じた商業取引のことを指し、その範囲は台湾又は台湾から外国への輸出を問わない。経済的利益は無形資産への転換すること又は後日に発生することが考えられることから、「販売を目的として」における販売は、現実に利潤を得たこと又は営利目的であることは必要ない。仮に商標の使用により行為者の費用支出を減らすことができるのであれば、関連消費者から費用を徴収していなくても販売目的又は商業目的による使用又は利用に属する。したがって、教育又は教学のみを目的とした行為であっても商標権者の権益を損ねるような行為は、販売を目的とする商標の違法使用に該当する（TutorABC侵害事件、知的財産権裁判所2013年民商上字第3号）。

使用権者及び通常使用権者）による使用も維権使用に該当する。しかし、使用権者ではない第三者による使用や商標的使用に該当しない使用は、いずれも商標の使用とは認められない。

　なお、登録から３年が経過した自己の商標をもって、他人の商標に対して無効審判又は取消審判を請求する場合、当該自己の商標が無効審判／取消審判請求日前３年以内に使用していたことを示す証拠を提出しなければならない。この場合における「使用」の主体についての認定は上述したものと同様である。証拠において使用者と商標権者との間のライセンス関係が証明されない場合、当該商標に基づき他人の商標権の無効又は取消しを主張することはできない。

３．客体

　登録商標の使用における客体要件として、使用商標と登録商標の同一性及び商標が使用される商品・役務と指定商品・役務の同一性がある。商標の使用における客体要件については、台湾特許庁公表の「登録商標の使用注意事項」という審査基準に基づいて判断がされる。

（1）商標

　原則として、使用商標と登録商標は同一でなければならない。また、商標の使用態様として、客観的にそれが商標であると関連消費者に認識させる使用でなければならず、商品又は役務の関連説明であると認識させる使用は、維権使用とは認められない。また、使用商標と登録商標とは同一ではないが、一般的な社会通念上、同一性を失っていない場合、登録商標の使用と認められる（商標法第64条）。

　主な識別部分（要部）の削除や変更、又は他の文字や図案等が追加され、実際の使用商標と登録商標との間に明らかな相違が生じ、かつ一般的な社会通念及び消費者の認識において両者は同一であると認識できない場合、商標としての同一性は認められない。

　よって、使用商標と登録商標とが異なる場合、両者が同一性を有するか

否かの認定においては、まず登録商標の主な識別部分（要部）は何であるかを明らかにし、次に実際の使用商標において登録商標の主な識別部分が変更されているか否かを評価し、さらに実際の取引市場の関連状況を考慮した上で、総合的な判断がされる[111]。

　使用商標と登録商標の同一性が認められる例について、「登録商標の使用注意事項」で挙げられているものを以下に示す（表12）。色の変更及び配置の変更について、使用商標は2つあるが、いずれも同一性は認められる。

表12　使用商標と登録商標の同一性が認められる例

	登録商標	使用商標
大文字と小文字の違い	BABY CARE	baby care
非要部のみの変更	BSM	BSM
色の変更（登録白黒、使用カラー）	♥光泉	♥光泉
色の変更（要部の変更に影響を与えない）	UdïLife 優の生活人師	UdïLife 優の生活大師 / UdïLife 優の生活大師

---

[111]　「登録商標の使用注意事項」8ページ

配置の変更	

巻末にてカラー掲載

　次に、使用商標と登録商標の同一性が認められない例について、「登録商標の使用注意事項」で挙げられているものを以下に示す（表13）。

表13　使用商標と登録商標の同一性が認められない例

	登録商標	使用商標
色の変更（登録カラー、使用モノクロ）		
二段書き商標の一段のみ	寶島 FORMOSA	FORMOSA
要素の一部のみ	逸錦 ELEGANCE	ELEGANCE

ディスクレーム部分を削除		

巻末にてカラー掲載

　表14の最初の例のように、登録商標はカラーだが、使用商標はモノクロの場合、原則として同一性は認められない。しかし、表12で挙げた「UdiLife 優の生活大師」の例の場合、商標の特徴は文字の組み合わせ及び配置にあり、色の変更は商標の要部を変更しているとは認められないとして、同一性が認められている[112]。

　登録商標が二段書きの場合、原則として一段のみの使用は同一性を有しない[113]（表13の2番目及び3番目の例）。

　表14の4番目の例について、「Your Vast possibility」の文字部分はディスクレームがされ登録となっており、使用商標において当該ディスクレーム部分が削除されている場合、同一性は有しないとされる。「Your Vast possibility」はディスクレームがされているが、商標の要素の一部であることに変わりはなく、使用の際には当該部分も合わせて商標全体として使用することで、同一性が認められる。

　中国語の繁体字（異体字を含む）と簡体字の相違について、これは台湾の消費者の認知に基づき、判断が行われる。つまり、台湾の消費者を基準

---

[112]　知的財産裁判所2016年行商訴字第27号
[113]　外国語と中国語の二段書きの登録商標について、パッケージの正面及び裏面に中国語及び外国語をそれぞれ付していた場合、商標の使用に該当すると認定した事例も存在する（経訴字第09706113390号訴願決定書）。

とすれば簡体字に対応する繁体字が容易に認識できる文字である場合、両者の相違は同一性に影響を与えない。例えば、登録商標が「台大」で使用商標が「臺大」である場合、「台」の繁体字は「臺」であることは台湾の消費者にとって周知であるため、両者は同一性を有する。一方、簡体字「洁」に対応する繁体字は「潔」であるが、これは台湾の消費者にとって周知であるとはいえないため、「洁」を含む商標と「潔」を含む商標は同一性を有するとは限らない。

(2) 指定商品又は役務

　商標権者は、登録された指定商品又は役務について商標権を取得する(商標法第35条第1項)。よって、登録商標を使用する商品又は役務は、登録された指定商品又は役務と一致していなければならない。

　商品・役務の同一性の判断に関し、指定商品・役務のうち、商標が使用されている商品・役務と完全に同一のものに加え、商標が使用されている商品・役務と「同一性質」又は「相当する性質」を有するものについても、合理的な範囲内で、商品・役務の同一性が認められる。しかし、この具体的な判断に関する基準は、台湾特許庁と裁判所で少々異なり、また、台湾の最高司法機関である司法院から2019年に下された決議も、台湾特許庁の判断基準と異なるものである。以下に、台湾特許庁の判断基準と司法院から2019年に下された決議の内容を述べる。

台湾特許庁

　「商品・役務が『同一性質』又は『相当する性質』を有する」という点について、台湾特許庁の判断基準は比較的寛容である。台湾特許庁公表の現行「登録商標の使用注意事項」には次のように規定されている。

　「指定商品・役務と商標が使用されている商品・役務においては、両者の内容、専門技術、用途及び機能等が同一であるか否かを基準とする。指定商品・役務と同一区分(又は類似群コード)の総括的概念である商品・役務、又は上位概念である指定商品・役務と本質的に類似する下位概念の商品・役務(具体的な商品又は役務)に商標を使用している場合には、原

則として指定商品・役務と同一性質を有する商品・役務に商標が使用されていると認定すべきとしている。例えば、化粧品は上位概念の商品であり、パウダーファンデーションは下位概念の具体的な商品である。指定商品が化粧品であり、商標を実際に使用している商品がパウダーファンデーションである場合、商標は指定商品の化粧品に使用されていると認めることができる」

　台湾特許庁による実際の判断においては、指定商品・役務と使用商品・役務の類似群コードが同一であれば、同一性を有すると認定される場合が多い。

　司法院の最新決議

　司法院（台湾の最高司法機関）は2019年「知的財産法律座談会」決議において、次のように認定している。「どの範囲まで指定商品・役務の使用と認定するかに関し、使用商品・役務と『同一性質』の商品・役務に限るとするのが妥当である。『同一性質』について、台湾特許庁規定の類似群コード6桁が同一のものに属する商品・役務については、原則として性質が同一であると認定することができる。具体的な判断については、商品・役務の用途、機能、材料、製造方法又は実際の製造販売形態及び提供者等の客観事実を総合的に考慮する。ここで、商品・役務の『類似』という概念を援用すると、使用商品・役務の範囲を拡張し過ぎることになるため、適切ではない」

　つまり、使用商品・役務と類似する商品・役務の範囲まで広げるのではなく、あくまで「同一性質」を有する商品・役務に限って、使用の事実を認めるとされている。なお、司法院は直接案件の審理を行うことはないが、位置付けとしては最高司法機関であることから、司法院の見解は各裁判所（知的財産裁判所、最高行政裁判所、最高裁判所等）に対して一定の影響力を持つ。

　ここでは最高裁の最新判決について、不使用取消審判審決における知的財産裁判所と最高行政裁判所の判断を紹介する。本件不使用取消審判の審

理では、全ての指定商品について取り消す審決が下されているが、知的財産裁判所と最高行政裁判所では異なる見解が示されている。

■　Angelina 事件（知的財産裁判所2016年行商訴字第54号、最高行政裁判所2019年判字第133号行政判決）

商標：

指定商品・役務：ドライフルーツ、ケーキ、パン、クッキー、飴

知的財産裁判所の見解

　知的財産裁判所による一審では以下のように述べ、権利者から提出されたケーキにおける使用証拠により、他の商品ドライフルーツ、パン、クッキー及び飴における使用を認定し、全ての指定商品について登録を維持する判決を下した。

　「指定商品・役務が多数あり、これら商品・役務の性質が同一である場合、商標権者が一部の商品・役務について使用証拠を提出したならば、同一性質の残りの商品・役務における使用証拠を提出しなかったとしても、この残りの商品・役務における使用と認定すべきである。……法は商標権者に対し、登録後すぐに指定商品・役務の全てについて全面的に使用することを強制しているわけではない。本件商品のケーキと、他の指定商品とでは性質が同一な高度に類似する商品であることから、たとえドライフルーツ、パン、クッキー及び飴について使用証拠が提出されていないとしても、使用の事実を認めるべきである」

最高行政裁判所の見解

「不使用取消審判を規定する条文には商品・役務の類似という文言は存在しない。侵害者による使用においては、同一商品・役務に限らず類似する商品・役務もその対象となる。これは、侵害行為から商標権者を漏れなく保護するという観点から、商標の権利範囲の拡張という形式を採らざるを得ないことに基づく。しかし、不使用取消審判における権利者による使用においても、このような権利範囲の拡張という形式を採ることは、法定依拠に欠き適当ではない。指定商品・役務と使用商品・役務において、各商品・役務の性質が異なる場合には、それぞれについて使用証拠を提出しなければならない。

　本件においてケーキとドライフルーツ、パン、クッキー及び飴は、性質において互いに重複関係又は他の相当関係を有さず、製造業者、販売業者、販売方法及び消費者群も互いに異なるため、同一性質の商品ではない。ケーキとパンについて、製造業者及び販売方法において重複するところは多いが、一般消費者であれば両者を容易に区別することができ、同一商品として扱わないことから、ケーキにおける使用の証拠をパンにおける使用の証拠とすることはできない。

　よって、ケーキについての使用事実は認められるが、これによって他の指定商品における使用と認めた原判決の判断は誤りである」

第二節　商標の使用に関連する問題

1．ノベルティ・景品における使用

　ノベルティ・景品（以下、単にノベルティという）における使用について、ここでは不使用取消審判における権利者による使用を対象とする（侵害段階における使用は第六編第一章第一節3にて述べる）。権利者がノベルティに登録商標を付す行為は「当該ノベルティにおける」商標的使用に該当するか否かについて、台湾では確立した実務は形成されていなかった。その原因として、ノベルティにおける使用が問題となった事件自体が

それほど多くないことや、商標法第5条における商標の使用の定義における「販売を目的とし」には、無償の譲渡行為は含まれないと解釈されていたこと等の事情がある。

しかし、商標法改正や「登録商標の使用注意事項」改訂を経て、現在は「販売を目的とし」は有償の販売行為や譲渡行為に限らないという解釈が確定している。よって、ノベルティは無償であるという理由により、商標が付されたノベルティを譲渡等する行為が商標的使用ではないと判断される可能性はかなり低くなった。現在の「登録商標の使用注意事項」によれば、商標的使用か否かの判断は商標法第5条の規定を満たすか否か、すなわち権利者は主観的にノベルティの使用（譲渡等）を目的としているか、及び関連消費者がノベルティを商標権者の商品であると認識し得るか否か、という観点から判断がされる。

ただし、現時点でも商標が付されたノベルティの譲渡等行為については、各事件の事情により使用と認められるものもあれば、使用と認められないものもある。以下では使用と認められた事例を紹介する。

<u>使用と認められた事例</u>

指定商品はフォトフレームであり、指定クレジットカードでの購入者にギフトとしてフォトフレームを譲渡していた事例である[114]。

商標が付された商品を販売に付随する贈与に用いることは販売促進効果を有し、販売と密接な関係にある。よって、販売目的を有し、商標の使用と認定すべきである。

本件において原告の上記革製フォトフレームは、消費者が「誠品カード」で決済した際のノベルティであり、消費者に「誠品カード」での決済を促進する機能を有し、これは単純な贈与ではない。加えて当該革製フォトフレームにおいて「eslite 誠品カード」文字のほか、フレームの中に入っている紙の左上には「Eslite 誠品のカタログ」、左下には「詳しくは誠品の3、

---

[114]　知的財産裁判所 2009 年行商訴字第 202 号

4、5月のカタログをご参照ください」という文字が印刷されている。よって上記表示は、原告がイベント「2007年の思い出の瞬間をフレームの中に」を開催しており、2007年1月1日から同年12月31日までの期間中に、「誠品カード」で決済し、一定の条件を満たせば誠品の革製フォトフレームがもらえることを消費者に知らせるためのもので、販売を目的としたものであるため、本件商標「誠品」の商標的使用に該当すると認められる。

　この事例と同様の見解が採られた例として、消費金額が5万元以上の場合に香水をギフトとして贈与していた件において、裁判所は指定商品の香水における使用と認定した事例もある[115]。

　ノベルティにおける商標の使用と認められなかった事例として、知的財産裁判所2010年行商訴第113号、台北高等行政裁判所2007年訴字第80号などがある。

2．会社名称における使用

　会社名称は営業主体の別称であり、商品又は役務の出所を表示するための商標とは性質的に異なる。会社名称から株式会社（中国語：股份有限公司）を除いた部分について商標登録を受けているが、実際の使用態様は会社名称全体（株式会社を含む）である場合、登録商標の使用とは認められない。

---

[115]　知的財産裁判所2009年行商訴字第128号、140号

第三章　商標権の効力の制限

　商標法第36条の規定によれば、合理使用、機能的使用、善意による先使用及び真正商品の並行輸入等は、商標権の効力が及ばない。

第一節　合理使用

　商標法第36条第1項第1号において、「商業取引慣習を満たす誠実かつ信用できる方法により、自己の氏名、名称又は商品若しくは役務の名称、形状、品質、性質、特性、用途、産地又はその他商品若しくは役務自体に関する説明を示すものであって、商標としての使用ではないもの」は、他人の商標権の効力による拘束を受けないと規定されている。以下、本号の規定内容について詳しく紹介する。

1．構成要件

　条文の規定によれば、合理使用の構成要件は以下の3つである。

① 商業取引慣習を満たす誠実且つ信用できる方法によること

② 自己の氏名、名称又は商品若しくは役務の名称、形状、品質、性質、特性、用途、産地又はその他商品若しくは役務自体に関する説明を示すものであること

③ 商標としての使用ではないこと

2．合理使用の種類

　条文には規定されていないが、実務上、合理使用は記述的合理使用（descriptive fair use）と指示的合理使用（nominative fair use）の2種類に分けられる。

（1）記述的合理使用

　他人の商標を、自身が提供する商品・役務の名称、形状、特性等の説明に用いる行為が、この態様に該当する。すなわち日本商標法第26条第1項第1号から第3号に類似する規定である。この状況は、当該他人の商標が本来記述的文字であったが、使用による識別力を獲得後に登録された場合によく見られる。記述的合理使用は、自己の商品・役務の説明のためのみに、他人の登録商標を使用することが要件となる。

　記述的合理使用の事例として、登録商標「正箔」が第三者より冥銭（金銀紙）に使用された件において、裁判所は「正箔」はあくまで冥銭（金銀紙）の品質説明にすぎず、これを見た関連消費者も「正箔」が出所を示す標識とは認識しないため、記述的合理使用に該当すると判断した事件がある[116]。また、登録商標「敦煌」が第三者より学習塾の経営等役務において使用された件において（「敦煌英語短期補修班」という名称として使用）、裁判所は「敦煌」が中国の周知な地名であるとは認められるが、被告の企業名称は「高雄県私立敦煌英語短期補修班」であるのに対し、実際に使用されている名称は「敦煌英語短期補修班」であることや、看板の配色が原告の看板の配色と高度に類似していることなどから、被告による使用行為は自己の企業名称を示すための記述的合理使用には該当しない、と判断した事件もある[117]。

（2）指示的合理使用

　第三者が他人の商標により当該他人の商品又は役務を表示する行為を指す。つまり、第三者が他の商標権者の商品・役務について言及するために、当該商標権者の商標を使用する場合に該当する。通常、他人である商標権者の商品の修理やアフターサービス、当該商標権者の商品と互換性のある部品等を提供する業者による行為においてよく見られる。指示的合理使用

---

[116]　知的財産裁判所 2010 年民商訴字第 10 号
[117]　最高裁判所 2010 年台上字第 958 号

においては、他人の登録商標を使用することは必須である（使わざるを得ない）ことが要件となる。

　指示的合理使用の事例として、米リーバイ・ストラウス（以下、Levi's社という）と販売契約を結んでいたXが、契約期間内及び契約期間終了後に自身の店舗内においてLevi's社の登録商標を付した看板や広告、チラシ等を作成し、展示していた件において、裁判所は次のように示し、Xの行為は指示的合理使用に該当すると判断した。「X提出の資料によれば、XはLevi's社の靴を販売するために当該宣伝物や看板を作成したこと、その目的は消費者にXの販売する靴が確かにLevi's社の商品であることを認識させるためであることが十分に証明される。すなわち、XはLevi's社の商標を自己の商標として使用したのではなく、代理店として、事実に基づき適度にLevi's社の商標を靴の広告に表示したにすぎない」。

　2件目の例として、指示的合理使用とは認められなかった件を紹介する。本件は自動車部品等の販売・輸出入等を行う業者Xが、トヨタ自動車の製品ではない部品に「TOYOTA GENUINE PARTS」「FOR TOYOTA USE」という文字を付していたため、トヨタ自動車から刑事告訴された件である。Xは「TOYOTA GENUINE PARTS」「FOR TOYOTA USE」という記載は、部品がトヨタ製自動車に適用できることを示すものであり、自動車部品業界では一般的に使用されているものだと主張した（地方裁判所の一審ではこの主張が認められている）。

　しかし、高等裁判所は次のように述べた上でXの主張を退け、有罪判決を下した。「『FOR TOYOTA USE』及び『TOYOTA GENUINE PARTS』について、文字の配列において「TOYOTA」をあえて目立つように示されており、「TOYOTA」文字と他の文字ではフォントの色彩や大きさにおいても明らかな差がある。さらに、白背景に赤字の「TOYOTA」商標の文字が故意に強調されていることから、被告が主観的に「TOYOTA」商標を模倣する意思を有することは明らかである。また、『TOYOTA GENUINE PARTS』の中国語の意味は『TOYOTA純正部品』であり、単に当該部品の適用車種を表示する一般説明ではなく、トヨタ社製の純正部

品であることを表示するものであることは明らかである。加えて、当該商品及びその外装のいずれにおいても被告の企業に関する表示は付されていないことから、合理使用を主張することはできない」。

第二節　機能的使用

　商品又は役務の機能を発揮するために必須な場合、他人の商標権の効力は及ばないと規定されている（商標法第36条第1項第2号）。本号規定は2011年に改正されたが、改正前は「商品又は包装の立体形状であって、その機能性を発揮するために必須な場合」と規定されていた。しかし、機能的使用が問題となる商標の種類は立体商標に限らないことから、2013年に現行法の内容へ改正された。

　なお、商品又は役務の機能を発揮するために必須なもののみからなる商標は登録を受けることができない（商標法第30条第1項第1号）。よって、商標権の効力が及ばない本号の規定は、商標を構成する部分が、商品又は役務の機能を発揮するために必須なものに該当する場合に適用される。

　商品又は役務の機能を発揮するために必須なデザインは、本質的に商品・役務の出所識別が主な目的ではない。よって、公益的観点から、同業者間の公正競争の妨害を防止して公正競争を促進するために、このようなデザインは商標権の効力が及ばないと規定している。

第三節　善意による先使用

　日本でいう先使用権に類似する制度であるが、内容の細部においては日本と台湾で異なる。商標法第36条第1項第3号では、次のように規定されている。「他人の商標登録出願日より前に、善意により同一又は類似の商標を同一又は類似の商品若しくは役務に使用する場合、他人の当該商標権の効力による拘束を受けない。ただし、使用していたその商品又は役務に限る。商標権者は当該商標を使用する者に対して、適当な区別表示を付す

よう請求することができる」。

　本号の規定が適用される要件は以下の2つである。

① 使用の事実の発生が他人の商標登録出願日より前であること

② 使用の状況に中断がなく使用していた当該商品・役務の範囲内であること

　また、本号規定における「善意」には、他人が当該商標の出願をしていることを知らない場合に加え、使用時に他人が先に当該商標を使用していることを知らず、かつ不正競争の目的を持たない場合も含まれる。これはつまり、明らかに他人が先に商標を使用していることを知りながら、他人が築いた商業名誉にフリーライドする意図で他人の当該未出願の商標と同一又は類似の商標を使用する場合、たとえその使用が他人の商標登録出願日より前に行われたとしても、善意による先使用は適用されない[118]。

第四節　真正商品の並行輸入

　台湾では商標法第36条第2項において国際消尽原則の採用が明文化されている。「登録商標が付された商品について、商標権者又はその同意を得た者が台湾内外の市場で取引流通された場合、商標権者は当該商品に対して商標権を主張することができない。ただし、商品が市場で流通された後に商品の変質、毀損が発生することを防止するため又はその他正当な事由がある場合は、この限りでない」[119]。なお、以前の本項規定は「台湾の市場で取引流通された」とされていたが、2011年改正により「台湾内外の市場で取引流通された」とされ、国際消尽原則の採用が明文化された。

---

[118]　知的財産裁判所2013年民商訴第13号

[119]　本項規定が明文化される以前においても、国際消尽を採用した有名な最高裁判決が2件あった（最高裁判所1992年度台上字第2444号、最高裁判所1993年度台上字第5380号刑事判決）。

1．問題となる論点（内外権利者の同一性）

　台湾ではない外国の商標権者と台湾の商標権者が同一である場合は本項規定の解釈で問題となることはほぼなく（商標権侵害を構成しない）、実務上問題となるのは両者が異なる場合である。このような場合の裁判所の見解は一致していないが、近年のリーディングケースとされている事件は2016年のPhilip B民事事件[120]である。

　Philip B民事事件では、米国の商標権者Xが、台湾での商品販売及び商標権取得を代理店Yに対し許諾していたところ、第三者Zが米国から真正商品を並行輸入していたため、YはZを商標権侵害で訴えた。知的財産裁判所は「米国の商標権者Xが本件商品を米国で流通させた時点で米国における商標権は既に消尽しているが、本件商標の商標権者はYであり、本件商品はYが市場で最初に流通させたものではない。つまり、Yからすれば本件商品について最初の販売行為による報酬は何ら得ていないことになるため、台湾での商標権が消尽したと認めることはできない」と述べ、Zの行為はYの商標権侵害を構成すると判断した。つまり、外国の商標権者と台湾の商標権者が異なる場合、台湾の権利者は台湾での商品の販売により報酬を得ていないため台湾での商標権は消尽せず、真正商品の並行輸入行為に対して権利を主張できる、というのが台湾で一般的な実務とされていた。

　しかし、2019年にPhilip B民事事件の最高裁判決[121]が出され、従来の見解とは異なる見解が示された。「商標権者が同一の商標について他国で自ら商標権を取得した又は他人に許諾し商標権を取得させた場合、属地主義の概念において我が国における商標権と他国の商標権は異なる商標権であるが、商標自体は同一であり排他権は本質的に同一の権利者に由来することから、我が国の商標権者と他国の商標権者が互いに許諾又は法律上の関係を有する限り、我が国における登録について許諾を受けた商標権者に対

---

[120]　知的財産裁判所 2016 年民商上字第 14 号
[121]　最高裁判所 2019 年台上字第 397 号

しても権利は消尽する。また、Ｘが本件商品を米国で販売し市場に流通させた後、本件商品に付された『PHILIP B』商標権が消尽するという効力が、Ｘの同意を得て我が国で同一商標の商標権を取得したＹには及ぶか否かという点について、原審ではＹは本件商品が最初に販売された時又は市場で流通された時に報酬を得ていないこと、及び商標法第36条第２項規定の権利消尽原則は台湾内外の商標権者が同一である場合に限り適用されること、という点に基づきＸに不利な判断を下しているが、この原審の判断は誤りである」。つまり、最高裁は「台湾内外の権利者が同一である場合に限り商標権が消尽する」という見解は誤りであり、両者の間に許諾や法律上の関係を有する場合には、消尽の効果は台湾の権利者にも及ぶ、としている。

２．国際消尽の例外

　商標法第36条第２項ただし書の規定により、例えば商標が付された商品が市場で流通された後に商品の状態に変更又は毀損が生じた場合は、商標権は消尽せず、商標権者は権利を主張することができる。また、並行輸入を行う貿易業者が商品を無断で加工、改造又は変更した結果、消費者に混同を生じさせ、当該並行輸入業者が商標権者又はその授権者、指定代理店であると誤認させるに足りる場合、商標権は消尽せず商標権侵害を構成することになる[122]。

３．その他関連する問題

　真正商品の並行輸入は原則商標権侵害とはならないことは上述したとおりである。しかし、真正商品の並行輸入を行った後に、商標権者の同意を得ずに、当該商品に付されている商標を広告又は他の宣伝物に使用することはできるか否か、という問題がある。

　この問題について裁判所の見解は、当該行為は商標の出所表示機能を損

---

[122]　最高裁判所82（1993）年台上字第5380号

なうことなく、関連消費者に混同誤認を生じさせるおそれもない、商品販売の告知にすぎないことから商標的使用に該当しない、というのが一般的である[123]。

しかし、国際消尽原則によれば、商標権者は並行輸入された当該真正商品自体について商標権を主張することができないだけであり、それ以外の商標の使用行為（例えば、インターネットで商標が付された真正商品の写真を付して真正商品を販売する行為や並行輸入した真正商品の広告において商標を使用する行為等）は、商標権者が築いた当該商品の知名度及び市場占有率を保護するために、当該行為に対しては商標権は消尽しない、とした判決も少数ではあるが存在する[124]。

また、公平交易法[125]第25条の問題がある。公平交易委員会が公表する「公平交易委員会の公平交易法第25条に対する処理原則」第7条において、「本条でいう……明らかに公正を失する行為の類型の例として次のものが挙げられる。……二．他人の努力の成果を搾取する行為、……5．真正商品の並行輸入において、積極的な行為により輸入した商品が代理店により輸入販売された商品であると他人に誤認させる行為」と規定されている。よって、並行輸入業者が輸入した製品において正規代理店の住所、会社名を商品に表示する等、消費者にそれが正規代理店により販売される商品であると誤認させる行為は、公平交易法第25条に違反することになる。

---

[123]　知的財産裁判所 2014 年民商上字第 17 号、最高裁判所 2016 年台上字第 2323 号

[124]　台北地方裁判所 2016 年智易字第 2 号、知的財産裁判所 2015 年民著訴字第 33 号

[125]　公平交易法は、日本の不正競争防止法と独占禁止法に類似する法律である。

第四章　商標権の移転、使用権設定・許諾及び消滅

第一節　商標権の移転

1．概要

　商標登録出願により生じた権利及び商標権は、いずれも移転することができる。共同で商標登録出願を行った場合の商標登録出願により生じた権利の移転は、他の出願人全員の同意を得なければならず、また、商標権が共有に係る場合の商標権の移転は、他の共有者全員の同意を得なければ移転することができない。ただし、承継、強制執行、裁判所判決又はその他法律規定による移転の場合はこの限りではない[126]。なお、商標登録出願により生じた権利を移転する場合は、出願人名義変更手続きを行うことになる。ここでは商標権の移転について述べる。

2．分離譲渡

　指定商品・役務の全てについてではなく、指定商品・役務の一部についてのみ他者に譲渡したい場合、台湾では指定商品・役務ごとの移転は認められていないため、まず譲渡の対象となる指定商品・役務について商標権の分割を行う必要がある。分割を行ってから、当該商標権を他者に譲渡することで、実質的に分離譲渡と同一の結果が得られる。

　ただ、台湾では中国とは異なり、同一の商品に係る類似商標又は類似商品に係る同一若しくは類似商標を一括して譲渡しなければならない、という規定は存在しない。ただし、商標権が移転された結果、複数の商標権者によって同一又は類似の商標が同一又は類似の商品・役務に使用され、関連消費者に混同誤認を生じさせるおそれがある場合、各商標権者は商標の

---

[126]　商標法第 28 条

使用時に適切な区別表示を付さなければならない（商標法第43条）。

3．商標権移転の効力

　商標権の移転は契約の一種であり、書面は効力発生要件とされておらず、当事者双方が合意に達すれば、移転の効力が生じる。ただし、第三者に対して法律上の権利を主張するためには、譲渡人又は譲受人が台湾特許庁へ商標権移転登録申請をしなければならない（商標法第42条）。すなわち、商標権の移転について登録対抗制度が採用されている。

4．必要書類

　移転の申請に必要な書類は移転契約書又はその他移転を証明する書面（譲渡〔売買〕による移転の場合は、譲渡契約書等の契約書であり、企業合併による移転の場合は合併を証明する書面〔履歴事項証明書〕）、及び同意書（共同で商標登録出願を行った場合又は商標権が共有に係るときは提出が必要となる）である。

第二節　使用権及び質権

1．概要

　商標権者はその商標権の指定商品・役務の全部又は一部について、他人に使用権の設定・許諾を行うことができる。使用権は専用使用権及び通常使用権に分けることができる（商標法第39条第1項）。

2．専用使用権

　商標権者はその商標権について専用使用権を設定することができる。専用使用権を設定した場合、商標権者は当該登録商標を使用する権利及び他人に使用権を設定、許諾する権利を失う。一方、専用使用権者は、定められた範囲の商品又は役務について登録商標の使用をする権利を専有する。つまり、当該登録商標を使用し得るほか、商標権者及び第三者による当該

登録商標の使用を排除することができる。

３．通常使用権

　商標権者はその商標権について通常使用権を許諾することができる。通常使用権を許諾した場合、商標権者も当該登録商標を使用でき、また、他人に使用権を設定、許諾することもできる。通常使用権者は、設定行為で定めた範囲内においてのみ当該登録商標を使用する権利を有するが、その許諾された通常使用権についてさらに第三者へ使用権の設定、許諾を行うこと（台湾ではこれを「再授権」という）はできない。

４．使用権設定・許諾の効力

　商標権の使用権設定・許諾は契約の一種であり、書面は効力発生要件とされておらず、当事者双方が合意に達すればその効力が生じる。ただし、第三者に対して法律上の権利を主張するためには、商標権者又は使用権者は、台湾特許庁へ使用権設定・許諾登録申請をしなければならない。すなわち、商標権の使用権設定・許諾について登録対抗制度が採用されている。

　また、日本の商標法では通常使用権の登録対抗制度は採用されていないが、台湾では使用権の設定・許諾の登録後に商標権が移転された場合であっても、その使用権設定・許諾契約は譲受人に対しても継続して効力を有する（商標法第39条第3項）。そして、本規定は専用実施権であるか通常実施権であるかを問わない。一方、使用権の設定・許諾が登録されていない場合は、使用権設定・許諾契約は譲受人に対して効力を有すると主張することはできない[127]。

　登録をしていない専用使用権者であっても第三者に対して商標権を主張することができる。登録をしていない場合は第三者に対抗できないと規定されているが、この第三者はあくまで商標権の譲渡、信託、使用権設定又は質権設定に関する権益事項について争いがある当事者のことを指すため

---

[127]　知的財産裁判所 2010 年民商訴字第 13 号

である[128]。

5．質権

　商標権者が債務者であるような場合、債権の担保のため、商標権に対して質権を設定することができる。この場合、債権者にはその商標権について他の債権者より優先的に自己の債権の弁済を受ける権利が付与される。ただし、商標権に対し質権を設定したとしても、その作用はあくまでも債権の担保用であることから、質権者は商標権者から使用権設定・許諾を受けない限り、当該登録商標を使用することはできない（商標法第44条第3項）。

第三節　商標権の消滅

　商標権が消滅する場合に関して説明する。まず、商標権の更新登録がされなかった場合、商標権は当該商標権の存続期間満了後から消滅する。既に述べたように商標権の更新登録は存続期間満了後から6カ月以内にも行うことができるため、この期間内に商標権の更新登録がされなかった場合、商標権は存続期間の満了時にさかのぼって消滅することになる。また、商標権者が死亡し相続人がいない場合、商標権は商標権者死亡後から消滅する。

　次に、商標権を放棄した場合、書面による意思表示が台湾特許庁に送達された日から消滅する。ただし、商標権について使用権の設定・許諾又は質権の設定をしている場合、使用権者又は質権者の承諾を得ない限り、商標権を放棄することができない。

　最後に、異議申立てによる取消決定、無効審決又は取消審決が確定した場合も、商標権は原則として決定・審決の確定後から消滅する（異議申立て、無効審判及び取消審判については第五編を参照）。

---

[128]　知的財産裁判所 2013 年民商訴字第 48 号

　なお、商標権の消滅は行政処分でないため、商標権者は商標権の消滅を理由にして行政救済を提起することができない。

第四節　商標権が共有に係る場合

　複数人が商標権者となっている、すなわち商標権が共有に係る場合、各共有者は他の共有者の同意を得なければ、その商標権は「使用権の設定・許諾」「移転」「放棄」「質権の設定」「持分の譲渡」「持分を目的とした質権の設定」はできない。ただし「承継」「強制執行」「裁判所判決」又は「その他法律規定による移転」の場合はこの限りではない。また、指定商品・役務の減縮及び商標権の分割についても、共有者全員の同意を得て、全員で減縮又は分割の手続きを行わなければならない。

こぼればなし

商標の類似を理由とした無効審判を請求する時、海外において使用されている商標を無効審判に係る証拠として提出することはできるのか？

　台湾商標法第57条第2項の規定に基づき、引用商標が登録から3年を経過している場合、当該引用商標が無効審判請求前の3年間に指定商品又は役務に使用されている証拠を提出しなければならない。ここにおける「使用」は、台湾内での使用に限られ、海外での使用は認められない。

　これは「台湾の関連消費者」に混同誤認を生じさせるおそれがあるかどうかが無効理由の判断基準とされていることによるものである。したがって、引用商標の使用証拠は、台湾で実際に使用された証拠でなければならない。

第五編

異議申立て・審判

　商標権の設定登録後において、商標が不登録事由を有すると認める場合、第三者又は利害関係人は異議申立て、無効審判、不使用取消審判という公衆審査制度を利用して、当該商標権の取消しを求めることができる。このほか、商標権者が不当に商標を使用した場合や一定期間商標を使用しなかった場合は、商標権の登録を取り消す取消審判を請求することができる。

　なお、台湾では、異議申立て、無効審判、不使用取消審判をまとめて「争議案件」と呼ぶ。よって、本書においても場合によってはこれら手続きを合わせて「争議案件」と呼ぶ場合がある。

第一章　異議申立て

　台湾の商標法は2003年の改正以前は権利付与前異議申立制度が採用されていた。しかし、登録商標のうち異議申立てがされた割合は3％以下であり、異議申立てを経て取消決定が下された割合は約1％にすぎず、権利付与前異議申立てが有効に活用されていたとは言い難い状況であった。そこで、2003年の改正時に権利付与後異議申立てが採用されることとなり、現在に至っている。つまり、審査において登録査定が下され所定の期間内に登録料が納付された場合は異議申立期間の経過を待つことなく、商標登録がされるとともに商標権が発生する。中国で権利付与前異議申立制度が採用されているのとは対照的である。以下、台湾における異議申立てについて説明する。

第一節　異議申立ての要件

1．主体要件

　異議申立ては何人も行うことができる。しかし、異議申立ての申請書において異議人（異議申立人）の氏名又は名称は必須記載事項であり、無記名や匿名で異議申立てを行うことは認められない。

2．異議申立ての理由

　商標法が規定する異議申立ての理由は以下のとおりである。

① 識別力を有しない（第29条第1項）

② 不登録事由に該当（第30条第1項）

③ 類似商標の使用により混同誤認を生じさせた場合の取消審判後の原権利者による3年以内の出願（第65条第3項）

　ほぼ拒絶理由と同様であるが、「ディスクレームをしていない（第29条第3項、第30条第4項）」という拒絶理由は、異議申立ての理由には含まれていない。この理由として、ディスクレームをすべきであったのにこれが見過ごされて登録となった場合であっても、商標の権利範囲は商標の全体観察により確定されるものであり、異議申立ての理由に含めないとしても、第三者に与える影響はあまり大きくないため、とされている[129]。

　また、対象となる商標権において複数の指定商品・役務が含まれる場合、指定商品・役務ごとに異議申立てを行うことができる。商標権者の立場からみれば、一部の指定商品・役務について異議申立てがされた場合、異議申立てがされた商品・役務とそれ以外の商品・役務について商標権の分割を行うことで、異議申立てがされていない商品・役務については早期に安定した権利を得ることができる。ただし、異議申立て（又は無効審判、取消審判）が係属している場合、決定（又は審決）が出された後は商標権の分割を行うことができない（第38条第3項）。

　なお、異議申立ての審理においても、指定商品・役務ごとに異議理由を有するか否かが検討される。よって、異議申立ての対象となった指定商品・役務の一部については異議理由を有するが、残りの部分については異議理由を有しないと審査官が判断した場合、「指定商品……について登録を取り消す、指定商品・役務……については登録を維持する」という決定が下される。

３．時期的要件

　異議申立ては商標登録の公告日から3カ月以内に限り行うことができる。この期間の延長は認められない。なお、商標権の消滅後に異議申立てがされた場合、申立ては不受理となる。

---

[129] 「商標法逐条釈義」176ページ

第二節　異議申立ての手続き

台湾における異議申立ての審理の主な流れは以下のとおりである。

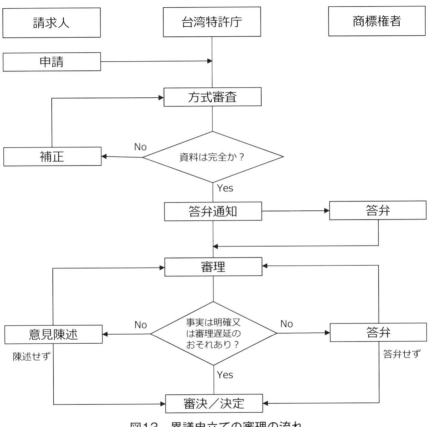

図13　異議申立ての審理の流れ

1．必要書類

異議申立てを行う際に必要な書類は、異議申立申請書、委任状（代理人に委任する場合）、異議申立理由書及び証拠である。

２．審理の流れ

　異議申立ての審理の流れは図13に示したとおりである。なお、審理の流れは異議申立てに限らず、無効審判及び取消審判も同様である。以下の説明における「申請人」とは異議申立人、無効審判請求人又は取消審判請求人を指す。

（1）審理方式

　異議申立ては、１名の審査官によって審理が行われる。

（2）異議申立申請書の方式審査

　申請書や理由書及び証拠の書類に対して、不備や不明確な点がないか審査される。不備がある場合は補正通知が出され、申請人は１カ月以内（在外者は２カ月以内）に補正しなければならない。この期限は１度に限り１カ月延長することができる。

（3）商標権者への答弁通知

　方式審査を通過した場合、審査官は異議申立申請書及び添付文書（理由書及び証拠）を商標権者へ送達し、商標権者に対し答弁を求める（答弁通知）。商標権者の答弁期限は送達から１カ月以内（在外者は２カ月）であり、この期限は１度に限り１カ月延長することができる。

（4）実体審理

　商標権者から答弁書が提出されると、審査官は実体審理を行う。なお、商標権者が答弁書を提出しなかった場合は、申請人から提出された資料に基づき、実体審理が行われる。審理において、明らかにすべき争点がある又は証拠が不明確であると審査官が認める場合、申請人又は商標権者に対し応答するよう通知を出すことができる。この通知に対する応答期限は１カ月であり、在外者であっても同様に１カ月である。この期限は１度に限り１カ月延長することができる。この審査官からの申請人又は商標権者に

対する応答通知は、複数回行われる場合もある。

（5）処分（決定、審決）

　審査官は双方から提出された資料や主張に基づき審理した結果、事実が明確であると認めた場合、処分（決定、審決）を下す。なお、正当な理由があり審理を一時停止することが認められた場合を除き、審査官は事実が明確であると認めた場合、双方からの答弁書又は意見陳述書が提出されてから一定期間内（異議申立て及び取消事件の場合は2カ月以内、無効審判の場合は3カ月以内）に、処分を下さなければならない、と規定されている[130]。

3．異議申立ての取下げ

　異議申立人は決定が出される前であれば、異議申立てを取り下げることができる。この際に相手方の同意を得る必要はない。ただし、異議申立てを取り下げた場合、後に同一事実について、同一証拠及び同一理由で再び異議申立てや無効審判を請求することはできない（商標法第53条）。

4．異議申立ての対象となる商標権が移転された場合

　異議申立ての審理中に、対象となる商標権が移転されたとしても、異議申立ての審理は影響を受けない、と規定されている（商標法第52条第1項）。異議申立ての対象はあくまでその商標権であり、当該商標権の保有者に変動があったとしても、審理の結果に影響を与えることはないためである。

　なお、実務上、異議申立ての審理中に対象となる商標権が第三者に移転された場合、台湾特許庁は当該第三者に対して被異議申立人の地位を受け継ぐか否か確認する通知を行う。この通知を受けた第三者（譲受人）は、被異議申立人の地位を受け継ぐことを声明することができ、この場合、当該第三者（譲受人）は異議申立ての当事者、すなわち被異議申立人となる

---

[130]　商標争議案審査の流れ注意事項

（商標法第52条第2項）。一方、第三者（譲受人）が被異議申立人の地位を受け継ぐことを声明しなかった場合、異議申立ての当事者、すなわち被異議申立人は依然として元の商標権者となる。

第三節　異議申立ての決定及び効果

1. 異議申立ての決定

　審理の結果、異議理由（不登録事由）を有すると審査官が判断した場合、取消決定が下される。一方、異議理由（不登録事由）を有しないと審査官が判断した場合は、維持決定が下される。なお、異議申立てが指定商品・役務ごとに行われた場合、異議申立ての決定も指定商品・役務ごとに下される。

　この取消決定及び維持決定に対しては、不服申立手続きをとることが可能である。つまり、日本と異なり、維持決定に対しても不服申立てを行うことができる。なお、不服申立手続き（訴願及び行政訴訟）については第二編第五章を参照されたい。

2. 異議申立て決定の効果

　異議申立ての取消決定に対し訴願が提起されない（異議申立ての取消決定に対して不服申立てがされない）又は異議申立ての取消決定に対して訴願及び行政訴訟という不服申立手続きを経て取消決定が確定した場合、以下の法的効果が生じる。

（1）商標権が遡及的に消滅

　商標法では「異議申立てが成立した場合、その登録を取り消さなければならない」（商標法第54条）と規定しているにすぎず、異議申立ての取消決定が確定した場合に商標権は取消決定の確定後から消滅するのか、又は遡及的に消滅（初めから存在しなかったものとみなされる）のか、明文規

定は存在しない[131]。しかし、商標権においても行政手続法の規定に基づき、異議申立ての取消決定が確定した場合には商標権は初めから存在しなかったものとみなされると解釈される[132]。

(2) 一事不再理

異議申立ての決定が確定した場合には、一事不再理の原則が適用され、何人も同一事実について、同一証拠及び同一理由で再び異議申立てや無効審判を請求することはできない（商標法第56条）。一事不再理が及ぶ主観的範囲は「何人」である、という点に注意が必要である。なお、商標法第53条及び第56条における同一事実とは要証事実が同一であるものを指し、同一理由とは主張する違法事由（異議理由・無効理由）が同一であるものを指し、同一証拠とは証拠の内容が同一であるか又は資料の形式に違いがあっても内容が実質的に同じであるものを指す。

---

[131]　専利法の場合、第82条第3項に「特許権の取消しが確定した場合、特許権の効力は初めから存在しなかったものとみなす」と規定されている。

[132]　「商標法逐条釈義」184ページ

こぼればなし

著名外国人の漢字表記が他人に出願されたら？
― セリーヌ・ディオンの例 ―

席琳迪昂

　世界的歌姫セリーヌ・ディオンは、これまでグラミー賞を5
度受賞するなど、洋楽ポップス界において絶大な知名度を誇っている。近年、彼女は歌
手としての活動だけでなく、レストラン、香水、執筆、ジュエリーやファッション等の
副業に積極的な投資を行い、自身の名前を冠したブランドを立ち上げている。

　台湾メディアは彼女の名前の漢字を「席琳迪翁」や「席琳狄翁」と訳すことが多く、人々
の間では「席琳迪翁＝セリーヌ・ディオン」という認識が広く定着している。
　台湾のある眼鏡業者（以下 X）は、「席琳迪昂」商標を出願し、登録を受けた。しかし、
台湾商標法第30条第 1 項第13号の規定によれば、他人の著名な氏名を有する商標は、
原則として登録を受けることができない。「席琳迪昂」が商標登録を受けたことを知っ
たセリーヌ・ディオンの事務所は、前記商標に対して異議申立てを行った。その結果「席
琳迪昂」商標の取消決定（中台異字第 G01050588号異議審定書）が下されたため、X
は行政訴訟を提起した。
　知的財産及び商事裁判所は、取消決定を維持する判決（2017年行商訴字第168号）
を下した。その理由は以下のとおりである。

　「セリーヌ・ディオン氏の中国語音訳表記としてよく見かけるのは『席琳迪翁』であ
るが、インターネットでは『席琳迪昂』と表記されることもある。『席琳迪翁』『席琳迪
昂』いずれであれ、台湾の一般大衆はセリーヌ・ディオンを連想することから、X が『席
琳迪昂』を商標として使用した場合、消費者に商品の出所を誤認させる可能性がある。
　X は『席琳迪昂』について『著名な氏名ではない』『台湾での使用頻度は極めて低い』
と主張するが、外国人の中国語音訳名には通常複数の表記方法があり、また『席琳迪翁』
と『席琳迪昂』の発音が非常に似ていることから、台湾の消費者であれば、いずれの表
記であってもセリーヌ・ディオン氏を連想する」

　本件の判決は、外国人氏名の中国語音訳表記における漢字の相違は関連消費者による
特定人物の連想に影響を与えないこと、著名人の氏名を他人が商標登録したとしても自
身の知名度を根拠に、その登録を取り消すことができる場合があることを示している。

第二章　無効審判

　無効審判とは、登録された商標について利害関係人が無効理由を有すると考える場合、その商標登録を手続きによって無効とする制度である。異議申立てと無効審判は、不備のある商標登録を取り消すものであり最終的な結果として商標登録が消滅するという点は共通であるが、前者は登録処分の見直しを図ることを主目的とするのに対し、後者は当事者間の紛争解決を主目的としている点が異なる。また、両者は手続き的規定や審理の流れ等は類似しているため、以下では主に異議申立てとの相違点を中心に説明する。

第一節　無効審判の要件

１．主体要件

　無効審判は利害関係人又は審査官に限り、請求することができる。審査官も請求できるという点は、日本にはない規定であり、また、異議申立てと異なる点である。ただ実務上、審査官が無効審判を請求する事例はあまり見られない。

２．無効理由

商標法が規定する無効理由は以下のとおりである。

① 識別力を有しない（第29条第１項）

② 不登録事由に該当（第30条第１項）

③ 類似商標の使用により混同誤認を生じた場合の取消審判後の原権利者による３年以内の出願（第65条第３項）

　無効理由と異議申立理由とは同一であり、「ディスクレームをしていな

い（第29条第3項、第30条第4項）」という拒絶理由は、無効理由には含まれていない。

　また、対象となる商標権において複数の指定商品・役務が含まれる場合、指定商品・役務ごとに無効審判を請求することができる。

3．時期的要件

　異議申立てと異なり、無効審判は原則として商標権の登録後はいつでも請求することができる。ただし、商標権の消滅後に無効審判が請求された場合、請求は不受理となる。

4．除斥期間

　時期的要件の例外として、一部の無効理由については5年間の除斥期間が適用される。すなわち、除斥期間が適用された場合、商標権の登録後5年を経過した後は無効審判を請求することができない。除斥期間が適用される無効理由は以下のとおりである。

① 記述的であるため識別力を有しない商標（第29条第1項第1号）

② その他識別力を有しない標識のみからなる商標（第29条第1項第3号）

③ ぶどう酒又は蒸留酒の産地の表示（第30条第1項第9号）

④ 他人の先願又は先登録商標と類似し、混同誤認のおそれがある
　（第30条第1項第10号）

⑤ 他人の著名商標／標章と類似し、混同誤認又は識別力の希釈化等の
　おそれがある（第30条第1項第11号）

⑥ 他人の商標の意図的な模倣（第30条第1項第12号）

⑦ 他人の肖像又は著名な氏名、芸名、ペンネーム等を含むもの
　（第30条第1項第13号）

⑧ 著名な法人、商号又はその他団体の名称を含み、混同誤認のおそれ
　がある（第30条第1項第14号）

⑨ 他人の著作権、専利権又は他の権利を侵害するものであって、判決
　が確定したもの（第30条第1項第15号）

⑩ 類似商標の使用により混同誤認が生じた場合の取消審判後の原権利
　者による3年以内の出願（第65条第3項）

　上記のうち、③及び⑤については、出願が悪意[133]の場合は除斥期間の適
用を受けず、登録から5年を経過した後であっても、無効審判を請求する
ことができる。

5．特別な規定

　他人の先願又は先登録商標と類似し混同誤認のおそれがある（第30条第
1項第10号）を理由として無効審判を請求する場合であって、ここでいう
他人の先登録商標、通常は審判請求人が有する商標（引用商標）が登録か
ら3年を経過している場合、審判請求人は当該引用商標が無効審判請求前
の3年間に使用されている証拠か、又は使用していない正当な理由を示す
証拠を提出しなければならない（第57条第2項）。この要件を満たさない
無効審判の請求は不受理となる。引用商標が複数ある場合であって、一部
の引用商標のみ審判請求前3年間の使用証拠が提出された場合、無効審判
の審理においては使用証拠が提出された引用商標のみ、無効理由の有無が
判断される。

第二節　無効審判の手続き

1．必要書類

　無効審判を請求する際に必要な書類は、無効審判請求書、委任状（代理
人に委任する場合）、無効審判理由書及び証拠である。

2．審理の流れ

　無効審判の審理の流れは、異議申立てと同様である。ただし、無効審判

---

[133]　ここでいう悪意とは、知っていることを指すのではなく、他人の商標を模倣し
　　たり他人の名誉等にフリーライドしたりする意図を有することを指す。

では３名の審査官による合議体が審理を行う点が相違する。その他の内容についての詳細は本編第一章を参照されたい。

３．無効審判取下げ

　無効審判請求人は審決が出される前であれば、無効審判の請求を取り下げることができる。この際に相手方の同意を得る必要はない。ただし、無効審判の請求を取り下げた場合、後に同一事実について、同一証拠及び同一理由で再び異議申立てや無効審判を請求することはできない（商標法第62条で第53条を準用）。

４．無効審判の対象となる商標権が移転された場合

　異議申立てと同様、無効審判の審理中に対象となる商標権が移転されたとしても、無効審判の審理は影響を受けない（商標法第62条で第52条を準用）。

第三節　無効審判の審決及び効果

１．無効審判の審決

　審理の結果、無効理由（不登録事由）を有すると審査官が判断した場合、無効審決が下される。一方、無効理由（不登録事由）を有しないと審査官が判断した場合は、維持審決が下される。なお、無効審判の請求が指定商品・役務ごとに行われた場合、無効審判の審決も指定商品・役務ごとに下される。

　この無効審決及び維持審決に対しては、不服申立手続きをとることが可能である。なお、不服申立手続き（訴願及び行政訴訟）については第二編第五章を参照されたい。

２．無効審判審決の効果

　無効審決に対し訴願が提起されない（不服申立てがされない）か、又は

訴願及び行政訴訟という不服申立手続きを経て無効審決が確定した場合、以下の法的効果が生じる。

（1）商標権が遡及的に消滅

異議申立てと同様、商標法では「無効審決が下された場合、その登録を取り消さなければならない」（第60条第1項）と規定されているにすぎないが、行政手続法の規定に基づき、無効審判の無効審決が確定した場合には商標権は初めから存在しなかったものとみなされると解釈される。

（2）一事不再理

無効審判の審決が下された場合には、一事不再理の原則が適用され、何人も同一事実について、同一証拠及び同一理由で再び無効審判を請求することはできない（第61条）。異議申立てとは異なり、無効審判では審決が下された時点で一事不再理の効力が発生し、審決が確定したか否かは問わない。また、一事不再理が及ぶ主観的範囲は「何人」である、という点に注意が必要である。同一事実、同一理由、同一証拠に関する解釈は、異議申立ての規定における解釈と同じである。

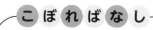

「小南門」商標権の侵害事件

　1884年に竣工した台北府城「小南門」は、現在、国家1級古跡に指定され、その正式名称「重熙門」は「盛世興隆、光輝普照（世を繁栄させ、明るく照らす）」という意味から来ている。「小南門」は重要文化遺産として広く知られることから、商標として使用されることも多い。「小南門食品有限公司、小南門餐飲有限公司」が経営する飲食店は、伝統的な豆花を数十年にわたって販売しており、消費者からの人気も高い。寰宇麺食館有限公司も「小南門」の知名度にあやかり「小南門」商標を登録し、飲食店を経営している。

　本件はこの「小南門」を含む商標を所有する同業者の間で起きた商標権事件である。

原告・寰宇麺食館有限公司が所有する商標	被告・小南門食品有限公司、小南門餐飲有限公司が所有する商標
小南門	小南門
第30類　麺、弁当、ラーメン等　第42類　飲食物の提供等	第29類　豆花

　原告は「被告の商標も城門の図案に小南門の文字を組み合わせたもので、原告の商標と外観や称呼が高度に類似している」「原告商標は被告商標の登録日よりも早い1995年に登録されている」「被告は指定商品の範囲を超えた商品（餅、餃子、麺／ライス、スープ等）にも商標を使用しているため、自社の商標権を侵害している」と訴えた。

　一方、被告は「1996年から自家製伝統豆花の販売を始め、今では小吃（軽食）において台湾で最も有名かつ代表的な業者となり、これまで消費者が商品の出所を誤認したという話は聞いたことがない。看板、メニュー、広告にも小南門の図案を掲載し、商品の出所が『小南門傳統豆花』を経営する業者であると明確に示しているため、消費者に混同誤認は生じない」と主張した。

　知的財産及び商事裁判所は、審理の結果「両商標は全体の外観、観念及び称呼が類似し、指定商品の原料や機能も高度に類似していることから、一般消費者が混同誤認を生じる可能性は十分にある。また、台湾商標法で採用されている先願主義に基づくと、たとえ被告の商標がより高い知名度を誇っていたとしても、先に出願されたのは原告の商標であるため、原告の登録商標を優先的に保護すべきである」と判断した。

第三章　取消審判

　台湾では日本と同様、不使用取消審判、不正使用による取消審判が存在するが、日本とは異なる取消審判や日本には規定されていない取消審判も存在する。以下では各取消審判の紹介に加え、実務上、最もよく利用される不使用取消審判における使用証拠について詳しく説明する。なお、対象となる商標権において複数の指定商品・役務が含まれる場合、指定商品・役務ごとに取消審判を請求することができる。

第一節　商標法第63条第 1 項

　台湾では以下の 5 つの取消審判が規定されている。

1．登録商標の変更又は付記による取消審判（第 1 号）

　登録商標に変更又は付記をなして、同一又は類似の商品・役務に使用する他人の同一又は類似の商標と類似し、関連消費者に混同誤認を生じさせるおそれがある場合が対象となる。混同誤認については、「混同誤認のおそれ審査基準」に基づいて判断がされる。また、変更又は付記に関して、これは登録商標の文字、図形、色彩等に変更や追加がされ、実際の使用商標と登録商標が相違するものとなり、かつ両者が社会一般通念上同一性を失ったことを指す。なお、本規定においては「故意に」という要件は課されていない点に注意すべきである。

　また、本号の取消審判を請求する場合、他人の先願又は先登録商標と類似し混同誤認のおそれがあること（第30条第 1 項第10号）を理由として無効審判を請求する場合と同様に、他人の先登録商標、通常は審判請求人が有する商標（引用商標）が登録から 3 年を経過している場合、審判請求人は当該引用商標が無効審判請求前の 3 年間に使用されている証拠か、又は

使用していない正当な理由を示す証拠を提出しなければならない。

　本件は商標権者による不正使用を主な対象とするが、使用権者が第63条第1項第1号に規定する不正行為を行った場合であって、商標権者がそれを明らかに知って又は知ることができたが反対の意思を示さなかった場合も、取消審判の対象となる（第63条第2項）。

２．不使用取消審判（第2号）

　不使用取消審判とは正当な理由なく3年以上登録商標の使用をしていない又は継続して使用を停止している場合の取消審判である。商標法は先願主義を採用し、商標が登録された後は他者による登録又は使用を排除する法的効力を与えるものである。また、商標は使用されることで指定商品又は役務と連結され業務上の信用が化体するため、商標は原則として継続して使用されていることが前提となる。よって、一定期間使用がされていない登録商標について、第三者からの請求により登録を取り消す制度が設けられている。

　本規定における使用とは、「維権使用」のことを指す（「維権使用」については第四編第二章を参照）。また、商標権者による使用に加え、使用権者による使用も本規定における使用に含まれる。不使用のその他詳細については、別途本章第四節で述べる。

３．移転された商標の区別表示が付されていない場合の取消審判（第3号）

　商標権が移転された結果、複数の商標権者によって同一又は類似の商標が同一又は類似の商品・役務に使用され関連消費者に混同誤認を生じさせるおそれがある場合、各商標権者は商標の使用時に適切な区別表示を付さなければならない、と商標法第43条に規定されている。ここで、各商標権者がこの適切な区別表示をしていない場合、取消審判の対象となる。

　ただし、本号の取消審判の審決が出される前に適切な区別表示が付され、かつ混同誤認を生じさせるおそれがない場合は、取消審判の対象とはならない（第63条第1項第3号ただし書）。

４．普通名称化した商標の取消審判（第４号）

　商標が指定商品又は役務の通用標章、名称又は形状となった場合、取消
審判の対象となる。これはいわゆる「商標の普通名称化」に対する取消審
判であり、日本にはない規定である。

５．不正使用（品質誤認）の取消審判（第５号）

　商標の実際の使用によって、公衆に商品又は役務の性質、品質又は産地
を誤認誤信させるおそれがある場合の取消審判である。この取消審判は、
日本の商標法でいう第51条の不正使用の取消審判に類似する審判である。
本規定においても「故意に」という要件は課されていない点に注意すべき
である。

第二節　取消審判の要件

１．主体要件

　取消審判は何人も請求することができる。また、台湾特許庁が職権で請
求することもできる。特許庁が職権で請求できるという点は、日本にはな
い規定であるが、実務上、特許庁が職権で取消審判を請求する事例はあま
り見られない。

　なお、以前は取消審判の請求人は利害関係人に限られていたが、2003年
の法改正により取消審判の請求人適格を何人へと拡大した。

２．時期的要件

　取消審判は商標権の登録後はいつでも請求することができる。なお、商
標権の消滅後に無効審判が請求された場合、請求は不受理となる。

　日本では商標権者の不正使用による取消審判、使用権者の不正使用によ
る取消審判、移転後の混同による取消審判では、不正使用の事実がなくな
った日から５年を経過した後は取消審判を請求することができないとい
う、いわゆる除斥期間規定があるが、台湾ではいずれの取消審判において

も、このような除斥期間の規定は存在しない。

第三節　取消審判の手続き

１．必要書類

　取消審判の請求に必要な書類は、取消審判請求書、委任状（代理人に委任する場合）、理由書及び証拠である。

２．審理の流れ

　取消審判の審理の流れは、異議申立てや無効審判と同様である。また、取消審判の審理は異議申立てと同じく、１名の審査官によって審理が行われる。その他の内容についての詳細は本編第一章を参照されたい。

３．取消審判の取下げ

　取消審判請求人は審決が出される前であれば、取消審判の請求を取り下げることができる。この際に相手方の同意を得る必要はない。ただし、取消審判の請求を取り下げた場合、後に同一事実について、同一証拠及び同一理由で再び取消審判を請求することはできない（商標法第67条で第53条を準用）。

４．取消審判の対象となる商標権が移転された場合

　異議申立てと同様、取消審判の審理中に対象となる商標権が移転されたとしても、取消審判の審理は影響を受けない（商標法第67条で第52条を準用）。

第四節	**不使用取消審判のその他の規定及び 使用調査報告・使用証拠**

　以下では実務上、最もよく利用される不使用取消審判に関するその他の規定、及び不使用取消審判請求時に提出する使用調査報告、そして、商標権者が提出する使用証拠について説明する。

1．不使用取消審判請求時の証拠

　不使用取消審判の請求を行う者は、商標権者が登録商標を3年間使用していないことを示す事実を証明しなければならない。審判請求人が具体的な事実や証拠が提出されない場合や、その主張に理由がないと認められる場合、審判請求は却下される（商標法第65条第1項）。提出された証拠や理由により、審査官が商標権者による登録商標の使用について合理的疑いを抱かせることが必要である[134]。そうではない場合、例えば、使用調査報告書を付さず単に使用されていないという憶測に基づく主張である場合や、「実地調査をしたが商標権者による登録商標の事実は確認できなかった」等のみが述べられ、具体的な証拠が付されていない場合は、審査官に対し合理的疑いを抱かせるとは認められない。

　したがって、不使用取消審判を請求する際には、公信力のある調査会社が作成した商標調査報告書を提出することが一般的である。

2．使用調査報告

　商標使用調査は通常、使用調査と市場調査の2つが行われる。前者は商標権者の営業所や商標権者名義の会社へ調査員が出向き、会社が実際に存在するか、店舗で使用されている商標やその使用態様について調査が行われる。後者は関連同業者や川上・川下企業を対象とし、登録商標の使用状

---

[134] 「商標法逐条釈義」221ページ

況や関連製品の販売状況を確認する。使用調査及び市場調査からは登録商標を使用されていることが確認できない場合、審査官に対し未使用の合理的疑いを抱かせることができる有効な証拠となる可能性が高い。

３．駆け込み使用

　駆け込み使用については、商標法第63条第３項に次のように規定されている。「不使用取消審判請求時に商標が使用されている場合は、商標権者が不使用取消審判の請求がされることを知り、審判請求前３カ月以内に登録商標の使用を開始した場合を除き、登録は取り消されない」。つまり、審判の請求前３カ月から請求の登録日までの間にされた使用について、その使用が審判の請求がされることを知った後である場合、登録商標の使用をしたものとしては認められない。駆け込み使用に関する事例を以下に示す。

<u>駆け込み使用と認定された事例</u>[135]

　裁判所の判旨は以下のとおりである。「審判請求人は調査会社に本件商標の使用調査を依頼し、調査会社は2016年10月に参加人（商標権者）による本件商標の使用状況の調査を行った。調査書には、参加人の従業員による『本件商標が付された化粧品や美容機器等の商品は現在も製造中であり、全国各地の美容院等に販売されている』という趣旨の回答が記載されている。雇用契約は指揮監督関係を有することから、従業員は本件商標に対して使用調査がされていることを参加人に報告するはずであり、参加人は後に他者から取消審判が請求されることを知っていたと認められる」。

　本件では駆け込み使用である点は審判請求人は特に主張していないが、商標権者が提出した証拠から登録商標の使用が認められたのは審判請求前３カ月であったことから、裁判所は商標権者による登録商標の使用は駆け込み使用であったと認定している。

---

[135]　知的財産及び商事裁判所 2018 年行商訴第 50 号

４．不使用の正当な理由

　登録商標の使用をしていないことについて正当な理由がある場合は、登録は取り消されない。正当な理由とは、商標権者に事実上の障害又はその責めに帰することができない理由のことを指す。具体的な例として以下のものが挙げられる[136]。

① 船便の運航中止、原料不足又は天災地変により工場や機器が重大な損害を被り、一時的に稼働、生産又は販売が不可能となった場合

② 指定商品が輸入禁止である場合

③ 薬品の販売前に販売許可を得る必要があり、販売許可が下りるまでの期間

５．使用証拠

　不使用取消審判が請求され方式審査を通過した場合、審査官は審判請求書、理由書、証拠を商標権者に送達する。商標権者は指定期間内に登録商標の過去３年以内における使用事実を証明しなければならず、期間内に応答しない場合、審査官は取消審決を下すことができると規定されている（商標法第65条第２項）。以下では商標権者が提出する使用証拠について、説明する。

（1）使用証拠に求められる要件

　商標の使用証拠について、証拠で示される登録商標の使用は商標法第５条で規定されている商標の使用の定義を満たす必要がある。また、使用地域として台湾での使用でなければならない。さらに、商標の使用証拠は、商標が真に使用されていたことを証明するに足るもので、同時に一般的な商業取引慣習を満たすものでなければならないと定められている（商標法第57条第３項）。ここでいう「真に使用されている」とは、虚偽の使用に

---

[136] 仮差押えによる禁止は、単に商標権者による商標権の移転又はその他処分の禁止であり、商標の使用が禁止されているわけではないことから、これは不使用の正当な理由に該当しない（経訴字第 09506180090 号訴願決定書）。

相対する意味であり、不使用取消審判による取消しを免れるための臨時的な使用などは、真に使用されているとは認められない。最後に使用された商標と登録商標は同一性を満たすことが必要である。

　まとめると、不使用取消審判請求時における商標権者による登録商標の使用は、以下の5つの要素が考慮される。

　① 販売を目的としている（第四編第二章第一節を参照）

　② 関連消費者にそれが商標であると認識させるに足りる

　③ 一般的な商業取引慣習を満たしている

　④ 真に使用されている

　⑤ 同一性を満たしている

（2）広告における使用

　使用証拠として一般的に用いられる広告における商標の使用について説明する。広告で商標を使用したとしても、必ずしも登録商標の使用と認められるとは限らない。広告における使用において問題となるのは、「販売を目的としている」という要件を満たすか否かである。以下、いくつか事例を挙げる。

　人材採用広告に商標及び指定商品が掲載されている事例

　人材採用広告を作成・掲載する者は、人材の募集の意思に加え商品・役務を販売する目的もあると認められ、商品・役務又は商標の名称が人材採用広告に掲載された場合、求職者又は一般消費者は当該広告を見た際に、客観的にそれが人材募集のための広告だと認識するのみならず、広告における商標が特定の商品・役務の出所を示す識別標識であると認識する。よって、当該広告の性質は単なる人材採用広告ではなく、商品・役務の販売目的も兼ねた総合的な広告であると認められる[137]。

　広告に商標のみ掲載され指定商品・役務が掲載されていない事例

　広告資料には雑誌発行日の記載がないものが多く、本件商標は付されて

---

[137]　知的財産裁判所 2009 年行商訴字第 64 号

いるものの本件商標の指定商品・役務である眼鏡等の商品は掲載されていない。また、広告下部には香港の住所及び電話番号が記載されていることから、これは原告（注：商標権者）が香港で掲載した広告であることは明らかである。たとえ第三者が当該雑誌を輸入し、台湾で販売したとしても、台湾において本件商標を販売し、使用したと認めることは困難である[138]。

（3）レシートにおける使用

　商標の使用を定義する商標法第5条において、商標の使用に該当する一態様に「商品又は役務と関連する商業文書又は広告に商標を用いること」と規定されている。ここでいう商業文書には注文書、製品目録、価格表、製品説明書などに加え、発票というものが含まれる。この発票とは商品購入時等に業者が消費者に対し発行する紙の明細であり、レシートに類似するものだが、性質的にはインボイスに該当する。台湾では商標の使用証拠としてこの発票がたびたび用いられる。以下では、この発票の真偽が問題となった事例を述べる。

<u>発票の真偽が問題となった事例</u>

　発票に登録商標が付されている場合、当該商標が使用されている事実を認めることができ、発票の使用規定を満たすか、商業取引慣習に反する記載がされているかという要素から、発票が偽物であるか否かを判断する。こうした点を総合考慮した結果、発票が本物であると認められる場合、商標の使用事実を認めることができる。本件における発票では買い手の名称が記載されておらず、これは商業取引慣習に反すると認められるが、本件発票の商品名欄及び備考欄には本件商標が付され、さらに国税局の書簡等によれば、本件の発票は国税局の記録内容と一致するため、本件の発票は本物であると認めることができる。

---

[138]　知的財産裁判所 2010 年行商訴字第 111 号

第五節　不使用取消審判の審決及び効果

1．不使用取消審判の審決

　審理の結果、取消理由を有すると審査官が判断した場合、取消審決が下される。一方、取消理由を有しないと審査官が判断した場合は、維持審決が下される。なお、取消審判の請求が指定商品・役務ごとに行われた場合、取消審判の審決も指定商品・役務ごとに下される。

　この取消審決及び維持審決に対しては、不服申立手続きを採ることが可能である。なお、不服申立手続き（訴願及び行政訴訟）については第二編第五章を参照されたい。

2．取消審判審決の効果

　取消審決に対して訴願が提起されない（不服申立てがされない）か、又は訴願及び行政訴訟という不服申立手続きを経て取消審決が確定した場合、以下の法的効果が生じる。

（1）商標権が消滅

　異議申立てや無効審判の場合と異なり、取消審判の取消審決が確定した場合、商標権は遡及的に消滅せず、審決確定後に消滅する。つまり、審決確定時までは商標権は有効に存在することになる。日本では不使用取消審判の場合は審判の請求の登録の日から消滅するが、台湾の不使用取消審判は他の取消審判と同じく、審決確定後に消滅する。

（2）一事不再理の適用なし

　不使用取消審判の判断時点は審判請求時であることから、請求された時期が異なれば、使用の事実や証拠も異なるため、取消審判には一事不再理の原則は適用されない[139]。

（3）登録商標の変更又は付記による取消審判の取消審決確定の特例

　登録商標の変更又は付記による取消審判の取消審決が確定した場合、審決確定後3年以内において商標権者は同一又は類似する指定商品・役務において同一又は類似の商標の出願、譲受をしてはならず、使用権の設定・許諾を受けることもできない（商標法第65条第3項）。

こぼればなし

台湾での争議案件における最初の公聴会
―「立石和」商標争議 ―

　台湾特許庁は、2006年に争議事件で初となる公聴会を開いた。目的は、日本における五種類の野菜スープ健康法の発明者であり、同時に細胞学博士として知られていた故・立石和氏の氏名を商標として登録出願できるかどうかという問題の意見を集めることにあった。

　実際に、故人の氏名は商標として登録されるのであろうか？
　故人の氏名を商標として出願することについて、それ自体に公序良俗を害する意図はないが、故人が著名人であってその名前を用いて商業活動を行う場合、社会及び倫理規範に影響がないとはいえないため、当該故人の氏名は尊重及び保護を受けるべきである。したがって、人々が依然として故人の氏名とその人物を連想できる場合、遺族から同意を得るか、又は本人の生前の同意があった場合でなければ、その氏名は商標として登録を受けることはできない。

　なお「立石和」の事件では、最高行政裁判所が「商標権者は確かに立石氏から商標登録出願の同意を得ている」と認定したため「立石和」商標は登録されることとなった。

---

[139]　ただ、行政行為に正当な理由がある場合を除き、行政処分においては差別待遇があってはならないという原則に基づき、既に確定した取消審判の審決と事実及び理由が同一の取消審判が再度請求された場合、同様の処分が下されることになる。

第六編

商標権侵害及び救済

　台湾では商標権侵害行為に対して民事手続きによる救済として、侵害行為等の差止めを求めること、損害賠償を請求することが可能である。また刑事手続きによる救済として、刑事告訴による刑事罰の適用も可能である。台湾商標法では民事責任を問われる商標権侵害行為と刑事責任を問われる商標権侵害行為とがそれぞれ別に規定されている（民事は商標法第68条及び第70条、刑事は商標法第95条及び第97条）。さらに一定要件を満たせば、商標法ではなく公平交易法（日本の不正競争防止法と独占禁止法を合わせたものに相当）に基づく救済も可能である。

　以下では主に民事責任及び刑事責任の内容について紹介し、最後に公平交易法に基づく救済について説明する。なお、税関における模倣品取締りについては、第七編で紹介する。

第一章　民事的救済内容

　民事的救済における商標権侵害行為は「一般侵害行為」（商標法第68条）といわゆる「みなし侵害行為」（商標法第70条）に分けられる。前者は商標権者が他人による登録商標の使用を排除することができる典型的な行為である。後者は著名商標の保護強化及び商標権侵害の準備、加工又は補助行為の防止を目的として特別に設けられている権利侵害態様である。

第一節　一般侵害行為

　一般侵害行為に関して商標法第68条は次のように規定する。「商標権者の同意を得ずに、販売を目的として、次に掲げる各号のいずれかの状況がある場合は、商標権を侵害する。

① 同一の商品又は役務に、登録商標と同一の商標を使用した場合

② 類似の商品又は役務に、登録商標と同一の商標を使用し、関連消費者に混同誤認を生じさせるおそれがある場合

③ 同一又は類似の商品又は役務に、登録商標と類似する商標を使用し、関連消費者に混同誤認を生じさせるおそれがある場合

　①はいわゆる専用権の効力が及ぶ範囲、②及び③はいわゆる禁止権の効力が及ぶ範囲を規定しているが、②及び③では混同誤認が要件として明文化されている点が日本とは異なる。

　一般侵害行為を構成する要件について以下に説明する。

1．商標権者の同意を得ていない

　商標権者から何ら同意を得ずに商標を使用する場合が該当する。ただし、商標権者から依頼を受けて商標が付された製品を製造、販売する行為は該当しない。

２．販売目的

　第四編第二章第一節における維権使用の箇所で説明したように、「販売を目的とし」とは、TRIPS 協定第16条第１項における「in the course of trade」と類似する概念である、とされている。つまり、「販売目的」は営利的性質を有する取引行為に限らず、また、有償の販売行為や譲渡行為にも限らない。商標権者が販売促進や宣伝を通して、商標と提供する商品・役務との間に密接な関係を持たせることによって、関連消費者が当該商標を認識することができ、そして当該商標により商品・役務の出所を区別できるようになった場合、当該商標の使用は販売を目的とした使用に該当すると認定される。

３．使用（侵害使用）

　第四編第二章で述べたように、台湾では商標の使用は大きく２つに分けて定義されている。１つは商標権者が権利を維持するために行う使用で「維権使用」という。もう１つは他人による商標権を侵害する（又は侵害の疑いがある）使用で「侵害使用」（中国語は侵権使用）という。侵害行為を構成する要件における「使用」は、ここでいう「侵害使用」に該当することが必要である。

　「維権使用」では権利者が商標を使用することで消費者がそれを出所を識別する標識であると認識するか否か、すなわち識別力を重視するのに対し、「侵害使用」は被疑侵害者が商標を使用することで混同誤認を生じさせるかという点を重視する。そして「侵害使用」の範囲は「維権使用」が包含する範囲より広いとされている[140]。

　なお、具体的な使用行為の類型については、第四編第二章第一節を参照されたい。

---

[140]　知的財産裁判所 2011 年民商上字第７号

4．同一又は類似の商品又は役務に、登録商標と同一又は類似の商標を使用

　商品・役務の類否や商標の類否については、登録要件の箇所（第三編第一章）で述べたとおりである。

5．混同誤認（第3号）

　混同誤認の判断については、登録要件の箇所（第三編第一章第二節）で述べたとおりである。

第二節　商標法第70条第1項

　みなし侵害行為に関して商標法第70条では次のように規定する。商標権者の同意を得ずに、次に掲げる各号のいずれかの状況がある場合、商標権侵害とみなす。

① 他人の著名な登録商標であることを明らかに知りながら、それと同一又は類似の商標を使用して、当該商標の識別力又は信用名声を損なうおそれがある場合

② 他人の著名な登録商標であることを明らかに知りながら、当該著名商標中の文字を自己の会社、商号、団体、ドメイン名又はその他営業主体を表す名称とし、関連消費者に混同誤認を生じさせるおそれがある又は当該商標の識別力又は信用名声を損なうおそれがある場合

③ 第68条の商標権侵害に該当するおそれがあると明らかに知りながら、商品又は役務と結び付いていないラベル、タグ、包装容器又は役務と関連する物品を製造、所持、展示、販売、輸出又は輸入する場合

以下、①から③に規定されているみなし侵害行為について説明する。

1．著名商標の識別力又は信用名声を損なう行為（第1号）

　著名商標は第三者に利用や模倣される可能性が高いため、著名商標の識別力の希釈化や信用名声の減損を防止するため、本号規定が設けられている。以下、各要件について述べる。なお、商標類否については、一般侵害

行為の場合と同様であるため省略する。

　まず、「他人の著名商標であることを明らかに知りながら」に関し、「明らかに知りながら」とは明らかに知っていたことを指し、刑法第13条第1項の規定に基づき、犯罪を構成する事実を明らかに知りながら意図的にそれを発生させることを意味する。ただし、過失により知らない場合は含まない。この要件は商標権侵害を主張する者に立証責任がある。

　次に、本号における著名商標であるという点について、これは実務上、登録要件の商標法第30条第1項第11号後段規定（著名商標若しくは標章の識別力若しくは信用名声を希釈化するおそれがある）における著名商標の認定基準と同様（すなわち、関連消費者のみならず一般消費者にも熟知されている必要がある）と解釈される場合が多いが、一般消費者まで熟知されている必要はないと判断した事例も存在しており[141]、定まった実務見解は確立されていないのが現状である。

　そして、「著名商標の識別力又は信用名声を損なうおそれがある」について、これも登録要件の第30条第1項第11号後段規定（著名商標若しくは標章の識別力若しくは信用名声を希釈化するおそれがある）の判断基準と同様である。

　また、重要な点として、本号の適用において商品・役務の類否は問わない。つまり、著名商標の商品・役務と競争関係のある又は類似する商品・役務に使用することは要件とされていない[142]。さらに、本号では混同誤認を生じさせるおそれがあることも要件とはされていない[143]。

２．著名商標中の文字を自己の営業主体を表す名称とする行為（第2号）

　企業名称や商号など自己の営業主体を表す名称の登記や申請時には、他人の著名な登録商標の文字であるか否か等の審査は行われない。よって、

---

[141]　知的財産裁判所2018年民商上字第3号、知的財産裁判所2019年民商訴字第1号
[142]　最高裁判所2013年台上字第2408号
[143]　最高裁判所2012年台上字第902号

こうした自己の営業主体を表す名称において他人の著名な登録商標が使用される場合が存在するため、著名商標中の文字を自己の営業主体を表す名称とする行為について、みなし侵害行為として規定している。本号の要件について以下に述べる（「明らかに知りながら」については第1号と同様のため省略する）。

　まず、自己の営業主体を表す名称として条文には会社、商号、団体、ドメイン名の名称が挙げられているが、これに限らない。会社名称及び商号について、これは「〇〇股份有限公司」や「〇〇株式会社」のうち「股份有限公司」や「株式会社」を除く「〇〇」部分のことを指す。例えば、他人の著名な登録商標が「ABC」であり、「ABC株式会社」としていた場合、他の要件を満たせば本号に該当することになる。

　次に、本号では他人の著名な登録商標と「同一又は類似の」とは規定されていない。よって、本号の場合は他人の著名な登録商標と同一の文字を、自己の営業主体を表す名称とする行為のみが対象となる[144]。しかし、他人の著名な登録商標と同一ではないが類似する文字を自己の営業主体を表す名称とする行為について、本号を適用した事例もいくつか見られる[145]。このような認定は特に、著名な登録商標が外国語の中国語訳（漢字）である場合に比較的多い。例えば「FRANKLIN」に対応する中国語の漢字である「富蘭德林」が著名な登録商標であるが、第三者が「富蘭克林」という文字を自己の営業主体を表す名称として使用していた事例において、裁判所は本号の規定を適用している[146]。なお、当然ながら本号における自己の営業主体を表す名称は中国語に限らず、英語等の外国語も対象となる。

　「関連消費者に混同誤認を生じさせるおそれがある又は当該商標の識別力又は信用名声を損なうおそれ」について、前半の混同誤認に関しては、

---

[144]　「商標法逐条釈義」238ページ。最高行政裁判所2007年判字第206号、最高行政裁判所2008年判字第281号

[145]　知的財産裁判所2011年民商上字第10号、知的財産裁判所2016年民商上字第4号

[146]　知的財産裁判所2015年民商上字第22号

登録要件の場合と同様に「混同誤認のおそれ審査基準」に基づき判断される。また、後半の「識別力又は信用名声を損なうおそれ」については第1号と同様、登録要件の第30条第1項第11号後段規定（著名商標若しくは標章の識別力若しくは信用名声を希釈化するおそれがある）の判断基準と同様である。

3．権利侵害の準備、加工又は補助行為（第3号）

本号は2011年の改正で追加されたものであり、商標権の直接侵害行為以外の行為のうち権利侵害の準備、加工又は補助行為を対象とする。例えば、ある商標の模倣品の製造販売が疑われる第三者に対して調査をしたところ、商標が付されたタグ及び商標が付されていない製品しか見つからないような場合、商標権の直接侵害には該当しないが、本号のみなし侵害行為に該当する。なお、台湾商標法ではみなし侵害行為には刑事責任は問われないが、本号に該当する行為は刑法第253条の商標偽造・模造罪を構成する可能性もある[147]。

第三節　差止請求及び損害賠償請求

1．差止請求（商標法第69条）

商標権の一般侵害行為又はみなし侵害行為に該当する場合、商標権者は侵害行為の差止めを請求することができる。具体的には、侵害行為の停止の請求（第1項第1文)、侵害のおそれのある場合の侵害の予防の請求（第1項第2文）、及び商標権を侵害する物品及び侵害の行為に供した原料又は器具の破棄の請求（第2項）をすることができる。差止請求の場合、後述する損害賠償請求とは異なり、侵害者には侵害についての故意又は過失

---

[147]　刑法第253条「他人を意図的に欺き登録されている商標、商号を偽造又は模造した者は、2年以下の懲役、拘留若しくは9万元以下の罰金に処し、又はこれを併科する」。

という主観的要件は要求されない。

　侵害予防請求における「侵害のおそれのある場合」について、これは請求時の危険状況に基づき判断され、商標権が侵害される可能性があり、あらかじめ防止する必要性があることを指し、侵害が実際に発生したことは要しない[148]。

　第2項の商標権を侵害する物品及び侵害の行為に供した原料又は器具の破棄の請求については、差止請求又は予防請求とともにのみ請求することができ、単独で請求することはできない。さらに、第2項のただし書では、「裁判所は侵害の程度及び第三者の利益を斟酌（しんしゃく）した後、その他必要な措置を採ることができる」と規定されている。これは2011年の改正で追加された規定である。例えば、商標権を侵害する物品及び侵害の行為に供した原料又は器具の破棄ではなく、侵害者及び第三者への影響が小さい別の方法で同様の目的を達成できるのであれば、裁判所はこの侵害者及び第三者への影響が小さい別の方法を採ることができる。また、「侵害する物品」には、商標が付された商品又はその包装、容器、タグ、説明書、価格表若しくはその他の類似物品又は営業に用いる物品、文書又は関連広告物等が含まれる。

2．損害賠償請求（商標法第69条）

　商標権者は、故意又は過失により商標権を侵害（みなし侵害を含む）した者に対し、損害賠償を請求することができる（第3項）。損害賠償請求権については、「過失責任主義」が採用され、侵害者が故意又は過失であるという主観的要件を満たすか、又は侵害行為の責任能力を有することを要件とする[149, 150]。

　損害賠償請求権の消滅時効は第4項に規定されている。損害賠償請求権

---

[148]　知的財産裁判所2011年民商上更（一）字第1号
[149]　商標法には日本のような、過失の推定規定は存在しない。しかし、一般的には侵害者側が故意又は過失でないことを立証しなければ、損害賠償請求権が認められる事例が多い。

は損害及び賠償義務者を知ったときから2年間行使しない場合は消滅し、また、侵害行為があった時から10年が経過した場合も同様に消滅する。

3．損害賠償額の算定方法（商標法第71条）

　商標権者は損害賠償を請求する際、以下に掲げるいずれかの方法によりその損害賠償額を算定することができる（第1項第1号から第4号）。そして、以下4つのいずれかの方法で損害額を算定後、裁判所は賠償額が不当であると認める場合、第2項の規定に基づき、損害賠償額を減額することができる。

（1）民法に基づく算定

　民法第216条の規定に基づいて、損害額を算定することができる。民法第216条では損害賠償は被った損害及び失った利益の補填に限る、と規定されている。よって、商標権者は被った損害及び失った利益を証明できる場合、民法第216条の規定により損害賠償を請求することができる。

　また、商標法第71条第1項第1号ただし書には、被った損害を証明できない場合、登録商標を使用することによって通常得られる利益から、侵害後に同一の商標を使用することによって得られた利益を差し引いた額を損害額とすることができる、と規定されている。

150　模倣品を販売するECサイトの侵害責任に関し、裁判所は「製造業者又は競争関係にある同業者と、単なるプラットフォーム業者、小売業者等では、損害の発生又は回避可能の予測能力は必ずしも同一ではないことから、行為者の営業項目、営業規模、実際の侵害行為の内容、商標の普及程度等の状況に基づき、行為者が注意義務に違反しているか否かを判断しなければならない」と述べつつ、一般的にはECサイトには故意又は過失が認められないと判断している場合が多い。

（2）総利益（第71条第 1 項第 2 号）

商標権を侵害した者が商標権侵害行為によって得た利益を、損害賠償額の算定額とすることができる。本号の場合、商標権者は被った損害及び失った利益を立証する必要はなく、侵害者が商標権を侵害する商品の販売によって得た収入総額を立証する。侵害者が商標権侵害品の販売にかかった経費又は必要な費用を立証できない場合、当該商品の販売で得た全ての収入を本号における利益とすることができる。

（3）小売単価の倍額（第71条第 1 項第 3 号）

押収した商標権侵害品の小売単価の1500倍以下の金額を、損害賠償額の算定額とすることができる[151]。ただし、押収した商品の数が1500個を超える場合、同様に侵害品の小売単価の1500倍以下の金額とすると商標権者に不利であるため、このような場合は1500倍という制限は課されず、侵害品の個数に小売単価を掛けた総額を損害賠償額の算定額とする。

なお、役務を指定した登録商標の場合、提供する役務と関連する物品（例えば、第41類の指定役務「教育の提供」の場合、教育の提供と関連する物品である教科書）の小売単価に基づいて損害賠償額を計算する。

小売単価とは、商標権侵害品が最終的な消費者に小売で販売される際の価格を指し、商標権者による販売価格を指すものではない。侵害者が製造販売する多数の商品が商標権侵害を構成し、各商品の単価が異なる場合、各商品の小売単価の平均価格を小売単価の計算基礎として、第71条第 1 項第 3 号の規定を適用し、損害賠償額を算定する場合が多い[152]。しかし、平均価格ではなく、商品単価の最も高いものに1500を掛けた値を上限とし、そこから各考慮要素に基づき減額する方法を採る事例[153]や、まず、各考慮

[151] 2011 年の改正前は 500 倍以上 1500 倍以下と規定されていたが、2011 年改正時に 500 倍という下限は削除された。

[152] 司法院 2015 年「知的財産法律座談会」「民事訴訟類決議第 1 号」。知的財産裁判所 2015 年民商上易字第 5 号、知的財産裁判所 2017 年民商訴字第 30 号など。

[153] 知的財産裁判所 2016 年民商訴字第 49 号、知的財産裁判所 2017 年民商訴字第 35 号など。

要素に基づき倍数（1500倍以内）を決めた上で、商品ごとに小売単価を掛けて、最後にその合計値を算定額とする事例もある[154]。

(4) 使用料（ライセンス料）相当額（第71条第1項第4号）

商標権の使用料（ライセンス料）相当額を、自己が受けた損害として請求することができる。

第四節　商標権侵害のその他の問題

商標権侵害においてよく問題となるパロディ商標、ノベルティ、地模様商標の侵害判断について紹介する。

１．パロディ商標に関する事例

台湾の現行商標法及び現行著作権法では、日本と同じくパロディに関する要件は明文化されていない。パロディ商標のフェアユースに該当するための要件や理由を詳細に述べて、被告の行為はフェアユースの範囲内であると認めた2018年の Monogram Canvas 事件[155]は、指標的判例とみなされていた。しかし、先日この Monogram Canvas 事件の二審判決が出され、そこでは一審判決におけるパロディのフェアユースの認定手法とは異なるものが示され、被告行為のフェアユース該当性を否定している。

以下では、この二審判決の内容を紹介する（なお、本件の争点は商標法に加え、著作権法及び公平交易法にも及ぶが、ここでは商標法に関する部

---

[154] 最高裁判所 2013 年台上字第 974 号、知的財産裁判所 2015 年民商上字第 4 号、知的財産裁判所 2015 年民商上字第 6 号、知的財産裁判所 2015 年民商上字第 12 号、知的財産裁判所 2016 年民商上字第 1 号など。商品 X の小売単価 100 元、商品 Y の小売単価 200 元であった場合、各考慮要素に基づき倍数が 500 倍と決められた場合、算定額は $100 \times 500 + 200 \times 500 = 150,000$ となる。

[155] 知的財産裁判所 2018 年民商訴字第 1 号

分のみ紹介する[156]）。

■　LV Monogram Canvas パロディ事件（知的財産裁判所2019年民商上字
第5号）

結論：パロディのフェアユース認められず

表14　本件製品及び本件商標

本件製品（被告販売製品）	本件商標（原告商標）

判断

　パロディ商標のフェアユースを主張する場合、以下の2種類の抗弁を行
うことができる。①他人の商標を自己の商品・役務の出所を示す標識とし
て用いるのではなく、商標の使用方法が単に風刺・滑稽な言論表現にすぎ

---

[156]　著作権法及び公平交易法に関する部分については、維新国際専利法律事務所ニ
ュースレター Vol.72（http://www.wisdomlaw.com.tw/m/405-1596-95648,c12252.
php）を参照されたい。

ず、「商標的使用」に該当しない。この①の抗弁が成立しない場合、②商標の使用は、関連消費者に混同誤認を生じさせないため商標権侵害を構成しない、という抗弁を行うことができる。この2つの抗弁がいずれも成立しない場合、当該行為は商標の出所表示という最も重要な機能を破壊しているため商標権侵害に該当し、パロディであるという主張によって責任を免れることはできない。

　米国MOB事件の判決ではMOB社の帆布バッグにおける使用は商標パロディとしての合理的な使用に該当すると認定している。しかし、我が国（台湾）と米国では文化や風習が異なり、我が国の消費者は「My Other Bag……」という米国の冗談の意味を明確に理解することができないこと、本件製品と米国MOB事件における帆布バッグとは商品の属性が異なることから、本件商品は風刺・滑稽の意義又は論点を伝えるものではない。そして、被告の本件図案の使用方法を全体的に見ると、我が国の関連消費者に混同誤認を生じさせるおそれがあると認められるため、被告が主張するパロディとしての合理的な使用の抗弁は採用できない。

　本件判決で注目すべきは、「パロディ又はジョークは、一国の言語、文化、社会背景、生活経験、歴史等の要素と密接な関係があり、我が国の人間は外国において一般的なジョークの文字上の意味を理解できたとしても文字に包含されるユーモアやパロディの概念について理解できるとは限らない」と述べ、米国におけるユーモアをモチーフとした本件パロディの意図は台湾の消費者にとって理解可能であると判断した一審の見解を真っ向から否定した点にあろう。つまり、本件判例の射程は外国におけるジョークやパロディが使用された状況に限られ、台湾の消費者が容易に理解できるような中国や台湾のユーモアに基づくパロディであれば、フェアユースに該当すると認められる可能性は否定されないと思われる。

2.　ノベルティ

　ノベルティに商標を付し、消費者に配布した場合に商標権侵害に該当す

るか否かについて、台湾では否定的な見解を示した事例が多い。例えば、保険に加入した者にノベルティとしてマルチティーポットを配布する行為が、マルチティーポットの付された商標の権利を侵害するかが問題となった事例において、裁判所は「被告は販売目的で本件商標を使用しておらず、また、本件商標が付されたマルチティーポット自体を販売することを目的とした行為ではなく、単にノベルティとして配布したにすぎず、被告は自己の商品・役務の出所を表す意思はない」と述べ、被告の行為は商標的使用に該当しないため、商標権侵害を構成しないと認定している[157]。さらにこの事件と同様の原告が起こした別の事件においても、裁判所は「被告は主観的にノベルティ品を販売する意思を有していない、また、客観的にも被告の行為により消費者がノベルティ品により出所を識別していることもない」と述べ、被告の行為は商標的使用に該当しないとしている[158]。

　また、百貨店が路上で配布する風船に商標が付されていたところ、裁判所は当該行為は風船における商標の使用行為ではなく、百貨店に関する役務における商標の使用であると認定した事例もあり、本事例は台湾特許庁公表の「登録商標の使用注意事項」審査基準にも掲載されている。

3．地模様商標の侵害判断

　台湾において地模様からなる商標については、商品・役務の出所を表示するものではなく単なる装飾や包装の背景であると認識されることが多く、原則として商標登録を受けることはできない。一般的な地模様は単なる装飾であり識別力を有しないが、これは必ずしも当該地模様を何人も自由に使用できることを意味するわけではない。使用による識別力を獲得して商標登録された地模様と同一又は類似の商標を、同一又は類似の商品・役務に使用すれば、通常の商標の場合と同様に民事又は刑事責任を問われ

---

[157]　知的財産裁判所 2010 年民商訴字第 2 号。本件の二審及び上告審でも同様の判旨が示されている。

[158]　知的財産裁判所 2010 年民商訴字第 52 号

ることになる。

　しかし現状は、第三者が登録地模様商標と同一又は類似の地模様を商品・役務に付したとしても、商標としての使用には該当しないと認定され、権利主張が認められないことが多い。ただ、地模様商標の著名度が高く、また、被告の製品がデッドコピーである場合などは、地模様商標の商標権侵害と認定される可能性が高まる[159]。

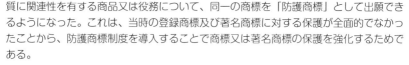

過去のものとなった台湾の防護商標

　日本の商標は、商標、団体商標、地域団体商標及び防護標章の４つに分けられる。このうち防護標章とは、通常著名な登録商標について、指定商品又は役務とは非類似の商品・役務も登録することで、著名な商標の権利範囲を広げるものである。

　台湾においては、1972年に「防護商標制度」が導入され、出願人が実際に使用する商品又は役務以外に、区分は異なるが性質に関連性を有する商品又は役務について、同一の商標を「防護商標」として出願できるようになった。これは、当時の登録商標及び著名商標に対する保護が全面的でなかったことから、防護商標制度を導入することで商標又は著名商標の保護を強化するためである。

　しかし、2003年の台湾商標法改正時に著名商標に対する保護が拡大し、現行の商標法第30条第１項第11号後段における「信用名声又は識別力を希釈化するおそれがあるもの」という規定が導入され、当該規定は防護標章の機能を果たすと考えられたことから、2003年の法改正時に防護商標は廃止された。

　その後2014年３月25日に、有効に存続する防護商標は全てなくなり、正式に廃止となった。

---

[159]　知的財産裁判所 2019 年刑智上易字第 76 号

第二章　刑事的救済内容

　商標権侵害の刑事責任に関し、商標法第95条及び第97条に規定されているほか、刑法においても関連規定が存在する。なお、本書では一般的な商標（非伝統的商標を含む）における刑事的救済について述べ、団体商標や証明標章における刑事的救済については省略する[160]。

第一節　商標法

　商標法では刑事罰に関して、一般侵害行為（第95条）及びみなし侵害行為（第97条）の2つを規定している。みなし侵害行為は一般侵害行為に比べ、懲役期間や罰金額が軽微となっている。

1．一般侵害行為（第95条）

　第95条では「商標権者の同意を得ずに、販売を目的としての次に掲げる各号のいずれかの状況がある場合は、3年以下の懲役、拘留又は20万元以下の罰金に処し、又はこれを併科する」と規定され、第1号から第3号において具体的に以下の行為が挙げられている（以下の具体的行為は民事侵害における第68条のものと同一である）。

① 同一の商品又は役務に、登録商標と同一の商標を使用した場合
② 類似の商品又は役務に、登録商標と同一の商標を使用し、関連消費者に混同誤認を生じさせるおそれがある場合

---

[160] 証明標章の刑事罰については、商標法第96条に規定されている。「証明標章権者の同意を得ずに、販売を目的として、同一又は類似の商品又は役務に、登録証明標章と同一又は類似の標章を使用し、関連消費者に誤認誤信させるおそれがある場合は、3年以下の懲役、拘留又は20万元以下の罰金に処し、又はこれを併科する」。また、団体商標の刑事罰は一般の商標の刑事罰と同一である。

③ 同一又は類似の商品又は役務に、登録商標と類似する商標を使用し、
　関連消費者に混同誤認を生じさせるおそれがある場合

「商標権者の同意を得ずに」「販売目的」「使用（侵害使用）」については、
民事的救済と同様である。詳細は本編第一章を参照されたい。

　刑事侵害の場合、主観的要件として行為者が故意に商標権を侵害したこ
とが課され、過失の場合は刑事侵害を構成しない（民事侵害は問われる）。

　また、真正商品の並行輸入行為は原則として商標権侵害を構成しない
が、輸入業者が真正商品を輸入後に製品に改造や加工を加えて販売する行
為は、商標権侵害を構成し、刑事罰を問われる可能性がある[161]。

２．みなし侵害行為（第 97 条）

　第97条には「他人の行った前二条の商品であることを明らかに知りなが
ら、それを販売又は販売を意図して所持、陳列、輸出又は輸入した場合は、
１年以下の懲役、拘留又は５万元以下の罰金に処し、又はこれを併科する。
電子メディア又はネットワーク方式を通じて行った場合も同様である」と
規定されている。

　「他人の行った」とあるように、本号の対象となる主体は、前二条の行
為（一般侵害行為）を行った者とは別の者である。「明らかに知りながら」
とは明らかに知っていたことを指し、刑法第13条第１項の規定に基づき、
犯罪を構成する事実を明らかに知りながら意図的にそれを発生させること
を意味する。

　他人の登録商標を商品・役務に付した後に当該商品・役務を販売・提供
する行為について、厳密にいえば商品・役務に商標を付す行為（一般侵害）
と、当該商品・役務を販売・提供する行為（みなし侵害）はいずれも商標
権侵害行為に該当する。しかし、両行為は時間的・場所的に極めて接近し
た状況の下で行われた一つの行為であることから実質的に一つの罪と認定
すべきであり、いわゆる「接続犯」に該当する。また、みなし侵害行為は

---

[161]　知的財産裁判所 2011 年刑智上易字第 13 号

一般侵害を前提とする行為であることから、このような状況の場合、最初の行為である商品に商標を付す行為（一般的侵害）にのみ刑事罰が適用される。

第二節　刑法

　商標権侵害と関連のある刑法の規定は2つある。1つ目は刑法第253条であり、「他人を欺くことを意図して登録された商標、商号を偽造又は模造した場合、2年以下の懲役、拘留又は9万元以下の罰金に処し、又はこれを併科する」と規定されている。2つ目は第254条であり、「偽造又は模造された商標、商号の品物であることを明らかに知りながら、それを販売又は販売を意図して展示、又は外国から輸入した場合、6万元以下の罰金に処する」と規定されている。

　第253条に関し、これは他人を欺く意図を有することが要求されるため、商標を故意に偽装又は模倣した結果、混同誤認を生じさせるおそれがあるとしても、他人を欺く意図が存在しない場合は、第253条の罪には該当しない。また、他人を欺くことを意図して、他人の登録商標を偽造又は模造したにすぎず、その偽造又は模造した商標を使用していない場合、刑法第253条の商標偽造罪に該当する。しかし、その偽造又は模造した商標を使用している場合、この行為は商標法第95条に該当することから、商標法により罪が科される。なお、この刑法第254条と商標法第97条のいずれにも該当する行為も存在するが、商標法第97条は刑法第254条の特別規定であることから、商標法第97条が優先的に適用される。

こぼればなし

手持工具（手動式のもの）とのこぎりの性質は同一か？

　台湾の不使用取消審判に関し、指定商品・役務に登録商標が使用されているかどうかは、指定商品ごとに判断がされる。ただし、指定商品の数が多い場合などは一つひとつ使用の事実を立証することが困難であることから、ある商品・役務（Aとする）について使用の事実が認められれば、Aと性質が同一である他の商品・役務についても使用の事実が認められる。

　ここで手持工具（手動式のもの）について使用していた場合、のこぎりについても使用の事実が認められるであろうか？近年の不使用取消審判の行政訴訟（知的財産裁判所2019年行商訴字第134号）において、台湾特許庁は手持工具（手動式のもの）とのこぎりは性質が相当するため、手持工具（手動式のもの）について使用していれば、のこぎりについての使用も認めると認定した。ところが、後の行政訴訟（審決取消訴訟）において知的財産及び商事裁判所は「上位概念の商品である手持工具（手動式のもの）における使用証拠は提出されているが、他の下位概念の商品における使用証拠は提出しておらず、上位概念の手持工具（手動式のもの）と下位概念の他の商品とでは商品の性質が異なる」「SDSソケットアダプター（注：商標権者が実際に使用していた商品）は電動ドリルに用いるものであるが、この用途及び機能は手持工具（手動式のもの）以外の他の指定商品とは異なる」と述べ、台湾特許庁による審決を取り消した。つまり裁判所は、手持工具（手動式のもの）とのこぎりでは、性質が同一ではないと判断したことになる。

　なお、台湾特許庁は審決において、手持工具（手動式のもの）とのこぎりの性質が同一である点について詳細な検討を行っていない。また、商標権者が中小企業であるため立証が困難であるという内容も述べている。中小企業に優しいといえば聞こえはいいが、企業規模によって台湾特許庁の判断基準が緩やかに変わり得るという点は頭の片隅にとどめておいてもよいかもしれない。

第三章　警告書送付

　台湾において商標権侵害行為（又はそれが疑われる行為）を発見した場合にどのように対応すべきか、これは日本における対応と基本的には同一である。すなわち、侵害の事実の確認や証拠及び被疑侵害者に関する情報の収集を行った上で、実際の権利行使へと進む。一般的に権利行使においていきなり訴訟を提起することは少なく、まずは文書による通知、すなわち警告書を送付することが多い。以下では台湾において警告書を送付する際の関連規定及び注意点を述べる。

第一節　警告書送付の前に考慮すべきこと

　上述したように警告書を送付する前に、侵害の事実の確認や証拠及び被疑侵害者に関する情報の収集を行うことが必要である。ここで警告書送付の際のみならず、侵害の事実認定においては台湾の弁理士や弁護士にも判断を求めることが好ましい。本書の内容からも分かるように、侵害を構成する要件である商標や商品・役務の類否や商標的使用の判断は、日本と異なる点も存在するからである。

　次に、警告書を送付する必要性もきちんと検討すべきである。被疑侵害者が一個人である場合や、侵害品の件数が少量である場合、警告書送付の代わりに電話交渉で解決できる場合もある。警告書送付という行為は正式な書面として残るものであるが、電話交渉の場合は記録に残らず、費用も比較的安価で済む。

　最後に、警告書を送付するということは、相手に対して侵害行為を自覚させ、権利者が提訴などの正式な権利行使を検討していることを被疑侵害者に知らせることを意味する。悪質な被疑侵害者であれば、警告書の受領

後に証拠隠滅などを謀る可能性もないとはいえない[162]。したがって、警告書送付後に訴訟提起を考慮している場合、警告書送付の要否は慎重に検討しなければならない。

第二節　警告書送付に関する規定

1．公平交易委員会警告書送付処理原則の概要

　台湾における知的財産権侵害に係る警告書送付について、公平交易委員会は「事業者による著作権、商標権又は専利権の侵害者への警告書送付案件に対する公平交易委員会の処理原則[163]」（以下、公平交易委員会警告書送付処理原則という）という行政原則を公表している。公平交易委員会警告書送付処理原則の対象となる書面は警告書に加え、弁護士書簡、公開書簡、広告等の知らせ、その他取引相手若しくは潜在的取引相手に知らせる書面が含まれる。

　なお、公平交易法第45条では「商標法等知的財産権法に基づく権利行使の正当行為は、公平交易法を適用しない」と規定されている。つまり、有効な商標権に基づく正当な権利行使行為は公平交易法が適用されないことになるが、警告書等を送付する行為については別途、公平交易委員会警告書送付処理原則に従わなければならず、同処理原則に違反し、取引秩序に影響を及ぼす又は著しく公正を欠く行為である場合は公平交易法第25条違反になることが同処理原則第5条に規定されている。

2．公平交易委員会警告書送付処理原則の内容

　公平交易委員会警告書送付処理原則は計6条からなるが、このうち重要なものは第3条及び第4条である。以下にその内容を示す。

---

[162] 著者の経験や中国（中華人民共和国）代理人との情報交換によれば、台湾に比べ中国ではこのような事態が特に多く発生しているようである。

[163] 中国語は「公平交易委員會對於事業發侵害著作權、商標權或專利權警告函案件之處理原則」。

第3条

1．事業者が次の権利侵害確認手続きのいずれかを履行した上で警告書を送付した場合、著作権法、商標法又は専利法に基づく権利行使のための正当行為である。

　一．裁判所の一審判決により、著作権、商標権又は専利権が侵害されているとされた場合。

　二．著作権審議及び調停委員会の調停により、著作権が侵害されていると認定された場合。

　三．専利権侵害の可能性のある目的物を専門機関に送付して鑑定を依頼し鑑定報告書を取得し且つ侵害の可能性のある製造業者、輸入業者又は代理店に対し、警告書の送付前又は送付と同時に、侵害の排除を請求する通知を行っている場合。

2．事業者が第1項第3号後段の通知を行っていないが、事前に権利救済手続きを採った、可能な注意義務をできる限り果たした、通知が客観的に不可能、又は具体的事実証拠により通知を受けるべき者が侵害状況を知っていたと認めるに足りる場合は、侵害排除請求通知の手続きを行ったとみなす。

第4条

1．事業者が次の各号の権利侵害確認手続きを履行した上で警告書を送付した場合、著作権法、商標法又は専利法に基づく権利行使のための正当行為である。

　一．侵害の可能性のある製造業者、輸入業者又は代理店に対し、警告書の送付前又は送付と同時に、侵害の排除を請求する通知を行っている場合。

　二．警告書において、著作権、商標権又は専利権の明確な内容、範囲、及び侵害されているという具体的な事実（例えば対象権利につき、いつ、どこで、どのように製造、使用、販売又は輸入が行われたかなど）を明確に述べることにより、受信者に対して対象権利が侵害

　　されているおそれがあるとの事実を知らしめるに足りる場合。

2．事業者が前項第1号の通知を行っていないが、事前に権利救済手続き
　を採った、可能な注意義務をできる限り果たした、通知が客観的に不
　可能、又は具体的事実証拠により通知を受けるべき者が侵害状況を知
　っていたと認めるに足りる場合は、侵害排除請求通知の手続きを行っ
　たとみなす。

　この第3条及び第4条の内容に基づき、商標権の侵害における警告書送
付に関する重要な点をまとめると以下のとおりである。

　まず、第3条第1項第2号及び第3号は著作権及び専利権に関する規定
であるため、商標権の場合は第1号の一審判決を取得することが必要とな
るが、一般的には訴訟を提起する前に警告書を送付するため、第1号の要
件を満たすのは困難であるため、通常は第4条の規定に基づく必要がある。
ここで第4条第1項は第1号又は第2号の双方の規定を満たす必要がある
点に注意が必要である。そして、警告書送付前に侵害に関する具体的な事
実や証拠を集め、警告書には商標権が侵害された具体的な内容を詳細に記
載しなければならない。

第四章　訴訟手続きの概要

　ここでは実際の民事訴訟及び刑事訴訟の大まかな流れについて紹介する。訴訟手続きについて詳細を述べるとそれだけで1冊の本が書けるほどであるため、重要な点に絞って簡潔に紹介するにとどめる。

第一節　刑事訴訟手続きの概要

1．概要

　台湾における商標権侵害は日本と同じく非親告罪であり、告訴を行わなくても捜査機関による捜査を経て検察官が起訴をすることができる。しかし、警察又は検察官は、犯罪事実を明確に把握できない場合は自発的に捜査・起訴を行わない場合もある。さらに商標権者自らが刑事告訴を行えば、警察や検察署によって捜査状況を知ることができること、実際に出廷して被告の供述を聞き、自身の主張を述べることができること、さらに被告人との調停法廷の場が設けられる可能性があること、などの利点がある。

　刑事告訴は商標権者又は専用使用権者が行うことができる。また、親告罪であれば告訴することができる者が犯人を知った日から6カ月以内に告訴をしなければならないが、商標権侵害は非親告罪であるため、こうした時期的要件は課されない。

2．告訴状の作成、提出

　告訴状における証拠物は告訴理由を裏付ける重要なものである。証拠物は主に商標登録証などの権利証明書面、模倣品の写真、模倣品購入の領収書及び真正品と模倣品の相違対比資料などが含まれる。

　告訴状の作成後、告訴状を警察等機関へ提出し、告訴記録の作成を依頼する。提出先としては警察、調査局や検察署があるが、警察に提出するこ

とが一般的である。台湾警察には商標権や著作権の刑事侵害事件を専門的に扱う「刑事警察大隊」という部隊があり、通常はここに告訴状を提出する。

　事件の状況が深刻であるか又は更なる証拠収集が必要である場合、地方検察署に捜索令状の申立てを行うことができる。地方検察署発行の捜索令状を取得した後、告訴人は警察と共に捜索令状に記載している場所へ出向き、捜索・取締りを行い、模倣品（又は提供する役務と関連する物品、以下同じ）の製品及び半製品、模倣品に関する帳簿、出荷及び入荷の書面資料、商品カタログ、金型及び関連設備等の関連証拠物を押収することができる。

３．地方検察署での捜査

　告訴状、そして押収した模倣品や押収記録は警察から地方検察署に移送され、検察官より捜査手続きが行われる。地方検察署での捜査は裁判での法廷と類似した形式であり、検察官、告訴人（代理人）及び被告人（代理人）の三者が参加する。主として模倣品の出所、商標の使用状況といった犯罪事実に関する被告人の供述を得ることに重点が置かれる。

　検察官による捜査を経て、被告人に確かに犯罪の疑いがあると認定された場合、検察官は起訴の決定を下す。被告人の犯罪の疑いが不十分であると認定された場合、検察官は不起訴処分を下す。告訴人が不起訴処分に不服がある場合、不起訴処分書の受領日から10日以内に上級検察署の検察長又は検察総長に対して再議を申し立てることができる。さらに、検察官は一定要件の下、起訴猶予処分を下すこともできる。

　なお、刑が軽い事件であって一定要件を満たす場合、検察官からの申請により簡易判決手続きが採られることがある。この場合、口頭弁論は行われず、裁判官は直接判決を下すことになる。

４．裁判所での審理

　検察官より起訴がされると、地方裁判所刑事法廷で審理が行われる。検察官が起訴状に記載した事実及び証拠について、裁判官は法廷で審理を進

め判決を下す。告訴人は地方裁判所の判決に不服がある場合、判決書受領日から10日以内に高等裁判所に対し控訴を申し立てることができる。

第二節　民事訴訟手続きの概要

1．一般民事訴訟の流れ

　権利侵害の事実、関連証拠や損害賠償額の計算方法などが記載された起訴状を裁判所に提出する。訴訟費用は敗訴となった当事者が負担する。判決確定時に、賠償支払いができるほど十分な財産を被告が保有していないといった事態を避けるために、民事訴訟の提起前に被告の財産状況を照会することが好ましい。また、必要に応じて事前に仮差押えを申し立てることも検討すべきである。

　民事訴訟はまず、地方裁判所で審理が行われる。地方裁判所の判決に不服がある場合は知的財産裁判所へ控訴することができ、その後は最高裁判所に上告することができる。

2．刑事付帯民事訴訟

　刑事付帯民事訴訟とは、刑事訴訟手続きにおいて付帯して提起する民事訴訟である。刑事付帯民事訴訟の提起は、刑事訴訟の起訴後、第二審の弁論終結までに行わなければならない。刑事付帯民事訴訟を行う利点は、刑事・民事の同時解決が図れること、訴訟時間の節約ができること、そして訴訟費用の軽減である。なお、刑事付帯民事訴訟の判決は刑事訴訟の判決と同時に下される。

第三節　民事訴訟における無効・取消しの抗弁

1．概要

　日本特許法第104条の3では、特許権の侵害訴訟において、特許権が無効にされるべきものと認められるときは、特許権者又は専用実施権者は、

相手方に対しその権利を行使することができない、といういわゆる「無効の抗弁」に関する規定が存在し、日本商標法第39条において同条が準用されている。台湾では特許法（専利法）や商標法において無効の抗弁に関する規定は存在しないが、知的財産案件審理法第16条第1項及び第2項において、それぞれ以下のとおり規定され、実質的に商標無効の抗弁は認められている。

① 知的財産権が無効とされるべき若しくは取消されるべきであると当事者が主張又は抗弁したとき、裁判所はその主張又は抗弁に理由があるか否かについて判断しなければならず、民事訴訟法、行政訴訟法、商標法、専利法、植物品種及び種苗法又はその他法律における訴訟手続の停止に関する規定を適用しない。

② 前項の状況において、裁判所が知的財産権は無効とされるべき若しくは取消されるべきであると認める場合、知的財産権者は民事訴訟において相手方に権利を主張することができない。

　ここで知的財産案件審理法第16条第1項の内容をよく見ると、商標権が無効とされるべきである場合に加え、商標権が取り消されるべきである場合も、「取消しの抗弁」を主張することができると規定されている。言い換えれば、登録後3年間不使用といった取消事由を有する場合についても、抗弁が認められ得ることを意味する。なお同条の解釈により、民事訴訟において無効・取消しの抗弁を行うことができるが、刑事訴訟における無効・取消しの抗弁は認められないとされている。

　したがって、商標権者が民事訴訟を提起する際には、自身の登録商標が指定商品・役務において使用されているか否かをまず明らかにする必要がある。未使用である場合、民事訴訟手続きにおいて相手から取消しの抗弁が主張され、権利主張が認められないおそれがある。

２．主張可能時期

　無効・取消しの抗弁が主張可能な時期は原則として、二審での口頭弁論終結前である。しかし、知的財産案件審理細則第33条第2項において、一

定の制限が課されている。まず、一審において無効・取消しの抗弁を主張していない場合、控訴審において無効・取消しの主張をすることはできない。また、弁論準備手続きを行った事件について、弁論準備手続きにおいて無効・取消しの抗弁を主張していない場合、弁論準備手続き後の口頭弁論において主張することはできない。

３．主張可能な理由

　特に制限はなく、無効審判における無効理由及び取消審判における取消理由を主張することが可能である。なお、一部の無効理由には５年の除斥期間が設けられているが、この５年の除斥期間経過後であっても民事訴訟において無効の抗弁を主張できるか否かに関し、知的財産案件審理細則第28条第２項で除斥期間経過後は無効の抗弁を主張することができないと規定されている[164]。

４．無効の抗弁の効力及び主張の制限

　ある民事訴訟事件において無効の抗弁が認められたとしても商標権自体が取り消されることはなく、また、相対的効力のみが生じ対世的効力は生じない。よって、商標権を対世的に無効とさせたい場合は、別途、無効審判又は取消審判を台湾特許庁に請求しなければならない。

　次に、無効の抗弁の主張の制限として、一事不再理の規定がある。「知的財産権が無効とされるべき若しくは取消されるべきである理由の有無に関し、行政訴訟手続きにおいて無効審判請求不成立が確定した、無効審判を請求する法定期限が経過した、又は法により行政訴訟手続きにおいて主張できなくなった場合、知的財産民事訴訟において、同一の事実及び証拠によりこれを主張することはできない（知的財産案件審理細則第28条第２項）」と規定されている。つまり、無効審判又は取消審判が確定している場合、民事訴訟において同一の事実及び証拠により無効の抗弁を主張することは認められない。

---

[164]　関連事例として知的財産及び商事裁判所 2018 年民商上易字第 3 号

こぼればなし

芸能人と芸能事務所による音楽グループ名の商標争奪戦！

　「小情歌」等の楽曲で知られる台湾の有名な音楽グループ「蘇打緑（sodagreen）」は、以前所属していた芸能事務所と契約解除して以来、芸能事務所との争いが絶えない。

　グループ名である「蘇打緑 sodagreen」商標において、グループメンバーがデビューする際に、事務所名義で出願すると同意書にサインをしている。しかし、双方の関係が破綻したため、グループメンバーは「蘇打緑」商標を改めて出願するとともに、事務所が有する「蘇打緑 sodagreen」の商標権をグループメンバーへ移転登録することを請求する訴訟を起こしたが、2021年の第一審においてその請求は棄却された。

　これを受け蘇打緑は、元々のグループ名の各漢字の一部分をとり「魚丁糸」へとグループ名を改名し、「魚丁糸」商標を出願し登録となった。とはいえ、元々のグループ名の商標権を取り返し、以前のグループ名に戻れるかどうかは、依然として不透明である。

　この事件から、クリエーターにおける商標の重要性が深く浮き彫りとなった。出願人の帰属（誰名義で出願するのか）、ライセンスといった契約内容には十分注意すべきである。

事務所所有の 「蘇打緑 sodagreen」商標	グループメンバーが 新たに出願した「蘇打緑」	「魚丁糸」商標
Sodagreen 蘇打緑	蘇打緑	魚丁糸

第五章　公平交易法での保護

　日本の不正競争防止法と独占禁止法に対応する法律として、台湾では公平交易法が存在する。商標法第1条にはその目的として「商標権、証明標章権、団体標章権、団体商標権及び消費者利益の保障、市場の公平競争の保護、工商企業の正常な発展の促進のため」と規定されている。これに対し、公平交易法第1条では「取引秩序及び消費者利益の保護、自由及び公平競争の確保、経済の安定及び繁栄の促進のため」と規定されており、両者はその法目的が少々異なる。また、商標法では一定の要件を満たした商標に対して商標権を付与することで知的財産権を保護するが、公平交易法は市場における独占行為や不正競争行為を制限するものである。

　商標法による救済を受けるためには前提として商標権を取得していることが必要であり、これまで述べたように一定の要件（商標的使用等）を満たさなければならない。しかし、未登録の商標であっても、一定の要件を満たす当該商標の使用等行為については公平交易法で保護を受けることができる。商標法と関連性の高い部分である公平交易法第22条及び第25条による保護について、以下に説明する。

第一節　公平交易法第22条

　公平交易法第22条第1項は模倣行為を制限する条文であり、他人の著名な表徴（表徴については、「1．要件」で説明する）を商品又は役務に使用する行為を対象とする。条文において以下の2つの模倣行為が規定されている。

① 著名な他人の氏名、商号又は会社名称、商標、商品容器、包装、外観又はその他他人の商品を示す表徴を、同一又は類似する商品において、同一又は類似する形式で使用することにより、他人の商品と

混同誤認を生じさせること又は当該表徴を使用した商品を販売、運送、輸出又は輸入すること

② 著名な他人の氏名、商号又は会社名称、標章又はその他他人の営業内容、役務を示す表徴を、同一又は類似する役務において、同一又は類似する形式で使用することにより、他人の営業内容又は役務の設備又は活動と混同誤認を生じさせること。

１．要件

公平交易法第22条の主な要件を以下に述べる。

「表徴」とは、商品、営業又は役務の出所を示す識別力又は二次的意義を有する特徴であって、関連事業又は消費者が異なる商品、営業又は役務を区別できるようにさせ得るものを指す。二次的意義を有するとは、使用による識別力を獲得したこととほぼ同義である。

「著名」とは、著名性が台湾の関連消費者において一般的に知られている程度に達していることを要する。台湾国外の消費者において一般的に知られている程度に達しているが、台湾の関連消費者における著名性が立証できない場合、本条における著名の要件を満たさない。

商品・役務について、2015年の公平交易法改正により、商品・役務が同一又は類似という要件が追加された。よって、自身の著名な商標が使用されている商品・役務とは非類似の商品・役務における使用行為は、本条の対象とはならない[165]。

そして、2015年の改正により「前項の氏名、商号又は会社名称、商標、商品容器、包装、外観又はその他他人の商品又は役務を示す表徴について、法に基づき商標権が登録されている場合は、これを適用しない」という条

---

[165] 2015年の公平貿易法の改正により、商品・役務の同一又は類似という要件が追加されたことについて、業界からは批判の声も出ている。2015年改正ではこれに加え、公平交易法第22条では商標登録を受けた商標は適用されないとされ、未登録著名商標の保護範囲が縮小されたことも、批判の声が出ている理由の一つと考えられている。

文が第22条第2項に追加された。つまり、商標権を取得した場合は、公平交易法第22条による保護を受けることができないことを意味する。

　ただし、商標権を取得した場合であっても、後述する公平交易法第25条の規定による保護を受けることは可能である。

２．例外規定

　本条第1項の要件を満たす行為であっても、以下の場合は例外的に適用が除外される（公平交易法第22条第3項）。

① 普通の使用方法で、商品又は役務における慣習上通用される名称又は取引上同類の商品又は役務のその他の表徴を使用する行為、又は当該名称又は表徴を使用した商品又は役務を販売、運送、輸出又は輸入する行為

② 自己の氏名を善意で使用する行為、又は当該氏名を使用した商品又は役務を販売、運送、輸出又は輸入する行為

③ 第1項第1号又は第2号に挙げた表徴を、著名となる以前に、同一又は類似の形式で善意で使用する行為、又は当該表徴を当該善意での使用者からその営業内容とともに受け継いで使用する行為、又は当該表徴を使用した商品又は役務を販売、運送、輸出又は輸入する行為

　①は普通の使用方法で普通名称や慣用されている名称を使用する行為である。例えば、「KTV」という語は台湾ではカラオケ業を指す語として普通名称となっており、「KTV」をカラオケと同一又は類似の商品・役務に使用する行為は、公平交易法第22条の適用を受けない。

　②は自己の氏名を善意で使用する行為であり、③は著名となる前の先使用行為である。そして、著名商標の保有者はこの②及び③の行為によって商品・役務の出所に混同誤認を生じさせるおそれがある場合は、行為者に対し、適切な区別表示の付加を請求することができる（公平交易法第22条第4項）。

３．救済内容

　公平交易法第22条に違反した場合、従来は行政罰及び刑事罰が規定されていたが、2015年の改正によりこれらは削除された。よって、現在では公平交易法第22条に反する行為は、公平交易法第29条に基づく差止請求及び公平交易法第30条に基づく損害賠償請求等の民事救済手続きを行うことしかできず、行政機関が公権力により介入することはない。

　なお、公平交易法第22条ではなく、公平交易法第９条、第15条、及び後述する第25条（その他取引秩序に影響を及ぼし得る欺罔行為又は明らかに公正さを失する行為）などに違反した場合の行政罰及び刑事罰の規定は依然として残っているため、刑事救済手続きを行うことや行政機関が公権力により介入することは可能である。

　公平交易法第22条に違反する行為に対しては公平交易法第29条に基づき、差止請求をすることができる。具体的には、侵害行為の停止の請求及び侵害のおそれのある場合の侵害の予防の請求をすることができる。

　他人による公平交易法第22条の行為により自身の権益が害された場合、差止請求に加え、公平交易法第30条に基づき損害賠償も請求することができる。事業者の行為が故意であれば、裁判所は侵害の情状に基づき損害額以上の賠償を酌量して定めることができるが、証明済みの損害額の３倍を超える額とすることはできない（公平交易法第31条第１項）。相手が侵害行為により利益を得ている場合、当該利益のみに基づき損害額を算定するよう請求することができる。また、損害賠償請求権の消滅時効が公平交易法第32条に規定されており、請求権者が対象となる行為及び賠償義務を有する者を知った日から２年間、又は行為がなされた日から10年間である。

　最後に信用回復措置請求として、判決書の新聞掲載を請求することができると公平交易法第33条に規定されている（「被害者は、本法の規定に基づいて裁判所に訴訟を提起した場合、侵害者が費用を負担して判決書の内容を新聞に掲載することを請求することができる)。

4．事例紹介

　以下に公平交易法第22条における著名表徴の認定に関する事例を2つ紹介する。

■　RIMOWA 事件（知的財産裁判所2018年民公上字第2号）

結論：著名、公平交易法第22条適用

原告表徴及び被告製品：

原告表徴	被告製品

判断

　「著名表徴」とは、表徴が示す識別力及び信用が関連事業又は消費者に普遍的に知られているもので、商品又は役務の出所を区別するに足る標識のことを指す。本件において、原告表徴が著名であるか否かは下記の要素を参酌する。

　①「グルーブデザイン」スーツケースの概念の強さ

　②原告が「グルーブデザイン」の概念を一貫して伝えているか否か

　③「グルーブデザイン」スーツケースの広告販促状況

　④「グルーブデザイン」スーツケースの営業状況及びブランドイメージ

⑤「グルーブデザイン」スーツケースについてのマスコミの報道記事

⑥「グルーブデザイン」がアジア諸国で「著名商品表徴」として肯定されていること

⑦「グルーブデザイン」の他の主要国家及び主権団体における商標登録

⑧ 被告が他の事件において「グルーブデザイン」の「著名商品表徴」の地位について争っていないこと

　上記要素を総合的に考慮すれば、本件スーツケースの外観の「グルーブデザイン」は商品の出所を区別する機能を奏する「著名表徴」であると認めることができる[166]。

■　Hershey 事件（知的財産裁判所2017年民公上字第5号）

結論：著名、公平交易法第22条適用なし、商標権侵害

原告表徴及び被告製品：

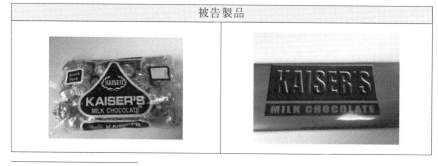

原告表徴

被告製品

---

[166]　なお、本件では被告の行為は公平交易法第22条第1項が適用され、差止請求及び損害賠償請求（約20万元）が認められている。

判断

　「好時（Hershey）」というブランドがフォーブス（Forbes）作成の2016年世界で最も価値のあるブランドランキングにおいて99位であり、その商標価値が67億米ドルであるという記事は、「HERSHEY」ブランドの価値が極めて高いことが証明されたにすぎず、台湾の関連消費者が「HERSHEY」という会社名又はブランドを普遍的に知っているということを意味するわけではない。（中略）原告が提出した台湾におけるHershey製品に関する新聞記事、広告、売り場の写真又はウェブページ、関連ブログのウェブページについて、これは原告が1970年代から台湾でチョコレート等の製品を販売し続けてきたことが証明されるにすぎない。台湾での製品販売データを原告は何ら提出していないことから、台湾における原告の製品の販売状況は、台湾の関連消費者が商品の包装及び会社名を知っているほど広範に行われているか否かは知ることができない。

第二節　公平交易法第25条

　公平交易法第25条は「本法に別途規定がある場合を除き、事業者は、その他取引秩序に影響を及ぼし得る欺罔行為又は明らかに公正さを失する行為をしてはならない」と規定している。本条は不正競争行為を規制する包括的で一般的な規定である。また、本条には「補充原則」が適用され、すなわち公平交易法の他の条文ではカバーできない不正競争行為に限って適用することができる、とされている。よって、同法第22条の要件を満たす不正競争行為は第25条の対象とはならず、また、第22条の要件を満たさない不正競争行為であれば、第25条の適用可否が検討されることになる。

　公平交易法第25条の適用に関し、公平交易委員会は「公平交易法第25条案件の処理原則」（以下、第25条処理原則という）という行政原則を公表しており、この第25条処理原則において公平交易法第25条が適用される要件が具体的に規定されている。上述した「補充原則」もこの第25条処理原則第4条に規定されている。

１．取引秩序に影響を及ぼし得る

　第25条処理原則第５条において、次のように規定されている。

　「本条でいう取引秩序とは、商品又は役務の取引における一切の市場経済秩序を指し、製造販売段階の水平競争秩序、垂直取引関係における市場秩序及び公平競争誠心を満たす取引秩序を含む」。また、「取引秩序に影響を及ぼし得る」の判断基準について、同様に第25条処理原則第５条において、次のように規定されている。「取引秩序に影響を及ぼし得るか否かを判断する際は、被害人数の多寡、損害の量及び程度、他の事業に警戒心を与える効果を生じるか否か、将来の潜在的な被害者に影響を与える効果があるか否か、及び行為で採られた方法手段、行為が発生する頻度及び規模、行為者及び相手方の情報が対等か否か、争議を解決する資源の多寡、市場影響力の大小、依頼性の有無、取引慣習及び産業特性などを考慮することができる。また、取引秩序に実際に影響が生じたことは要しない」。

２．欺罔行為又は明らかに公正さを失する行為

　「欺罔」に関し、第25条処理原則第６条において「本条における欺罔とは、取引相手に対し、重要な取引情報を欺瞞し、誤解させ又は隠匿する方法で取引を行う行為を指す」と規定されている。そして、同条における欺罔行為の例として、「信頼力を有する主体に偽装又は付属する行為」「広告を伴わない不実な販促手段」「重要な取引情報の隠匿」の３つが挙げられている。

　実務上、公平交易法第25条において商標に関する行為が問題となるケースは「欺罔行為」よりも「公正さを失する行為」の方が多い。この「公正さを失する行為」に関し、第25条処理原則第７条において、「本条における公正さを失するとは、明らかに公正を失する方法で競争又は営業取引を行うことを指す」と規定されている。そして、同条における公正さを失する行為の例として、「競争相手を害する目的で競争を阻害する行為」「他人の努力成果を搾取する行為」「不当な顧客の誘致」「市場の有利な地位の不当な利用」「情報の非対称を利用した行為」等が挙げられている。このうち、特に「他人の努力成果を搾取する行為」は商標権の事件において重要であ

る。例えば、非類似の商品・役務において他人の著名商標を使用した行為
が、この「他人の努力成果を搾取する行為」に該当し得る典型的なケース
である。第25条処理原則第7条では「他人の努力成果を搾取する行為」に
おける具体的な行為の例として「他人の事業名称をキーワード広告とする
行為等」「他人の事業名称を自身のドメイン名称とし、自身の取引機会を
増加させる行為」「積極行為により代理店が輸入販売する商品であると誤
認させる、真正商品の並行輸入」など5つの行為が挙げられている。

　実務上、この「他人の努力成果を搾取する行為」の判断の際は以下の点
を考慮すべきとされている。

① フリーライド又は高度の模倣を受けた標的が相当程度の努力を投じ
　ており、市場において一定の経済利益を有し、相手の行為により搾
　取されているか否か

② フリーライド又は模倣の結果、両者の出所が同一である、同シリー
　ズの商品である又は両者が関係企業であると取引相手に誤認させる
　か否か

　典型的な行為は、他人の信用名声へのフリーライド、高度な模倣又は他
人の努力の利用によって、自己の商品又は役務を進める行為とされてい
る。

3．公平交易法第25条と商標法における侵害規定との関係

　公平交易法第25条のうち商標に関する規定は、信用名声へのフリーライ
ドに関する行為を規制するものであり、フリーライドが問題となるのは主
に著名商標である。商標法における著名商標の侵害規定は、著名商標の識
別力又は信用名声を損なう行為（第70条第1号）及び著名商標中の文字を
自己の営業主体を表す名称とする行為（第70条第2号）であるが、これら
はいずれも行為の結果として「著名商標の識別力又は信用名声を損なう」
という要件を伴う。しかし、著名商標の信用名声へフリーライドする行為
は、必ずしも「著名商標の識別力又は信用名声を損なう」とは限らず、著
名商標の信用名声へフリーライドする行為であっても著名商標の識別力又

は信用名声を損なわない行為は、商標法による規制の対象とはならないのである。このような場合、商標法の侵害の規定には該当しないが、公平交易法第25条が適用される可能性がある。

既に述べたように、公平交易法第25条は主に著名商標へのフリーライドに関する行為を規制するものであるが、商標が著名であることは必須の要件とはされていない。著名に達していない商標であっても、フリーライド行為は公平交易法第25条規定の「取引秩序に影響を及ぼし得る欺罔行為又は明らかに公正さを失する行為」に当たるとされた事例も少なくない[167]。

４．救済内容

公平交易法第25条に違反した場合の救済内容は、同法第22条に違反した場合と同様に、同法第29条に基づく差止請求、第30条に基づく損害賠償請求、第33条に基づく信用回復措置請求を行うことができる。

また、公平交易法第22条とは異なり、刑事救済手続きを行うことや行政機関が公権力により介入することも可能である。

５．事例紹介

公平交易法第25条における著名表徴の認定に関する事例を１つ紹介する。処方薬において他人の薬品と類似する外観の表徴を使用する行為が第25条に該当するか否かが争われた事例である。

■　Siliflo Cap. 事件（知的財産裁判所2018年民専訴字第72号、知的財産裁判所2019年民専上字第38号）

結論：公平交易法第25条不適用

---

[167] 知的財産裁判所 2018 年度民著上字第 15 号、最高裁判所 2018 年度台上字第 539 号など。

判断

　被告薬品と原告薬品はいずれも処方薬であり、処方薬の取引実情及び産業特性によれば、患者は医師から処方箋を取得した上で薬局で薬剤師から薬を受領する。また、医師は薬品の成分、適用症、健康保険状況、薬品使用方法、薬理特性及び副作用などの情報に基づき処方箋を作成するのであり、薬品の外観に基づいて処方箋を作成するのではない。また、薬剤師も同様に薬品の外観に基づいて薬品を調剤するのではない。つまり、患者、医師、薬剤師のいずれも薬品の外観によって商品の出所を見分けることはなく、取引を決定することもない。よって、被告薬品の外観は医師を欺罔し、誤解させるものでなく、処方の決定に影響を与えるものとも認められないことから、被告の行為は公平交易法第25条における取引秩序に影響を及ぼし得る欺罔行為又は明らかに公正さを失する行為には該当しない[168]。

こぼればなし

商標が他人に会社名（商号）として登録されてしまった。どうするべきか？

　商標法と会社法では規範目的や保護される利益が異なるため、台湾会社法には、登録商標の文字は商号として登記できないとは規定されていない。これは、登録商標が他人に商号として登録される可能性があることを意味する。

　しかし、前述のような規定が設けられているからといって、商号に他人の登録商標を勝手に使用してよいというわけではない。著名商標を構成する文字を他人が商号として登録した場合、商標権者は商標法及び公平交易法の規定に基づき、救済措置を求めることができる。

---

[168] 本件と同様に他人の薬品の外観と類似するものを使用する行為は公平交易法第25条に該当しないと認定した別の事例として、最高裁判所2018年度台上字第1967号がある。

第七編

水際取締措置及び EC サイトでの 模倣品取締り

第一章　水際取締措置

「知的所有権の貿易関連の側面に関する協定（Agreement on Trade Related Aspects of Intellectual Property Rights, 略称 TRIPS)」の第3部第4節「国境措置に関する特別の要件」に定められている知的財産に関する水際措置に係る規範の実施を強化するため、2003年に台湾商標法において「水際取締措置」に関する規定が新たに盛り込まれた。

第一節　税関登録

1．概要

　模倣品の台湾への輸入及び台湾からの輸出を取り締まる方法として、まず考慮すべき対策は税関登録（中国語：提示保護）である。税関では日々の業務において商標権や著作権の侵害品に対するチェックを行っているが、税関による自発的な摘発には限りがある。そこで、水際対策の強化を図るため、税関登録制度が設けられている。商標権の水際対策を規定する「税関による商標権益保護措置執行に関する実施規則（中国語：海關執行商標權益保護措施實施辦法)」（以下、税関実施規則という）によれば、税関登録とは、輸出入された貨物が商標権を侵害するおそれがあると認められるときは、商標権者は商標権の存続期間中に、関連保護情報を付して税関へ登録を申請することで、当該保護情報が税関の知的財産権データベースに登録される制度である（税関実施規則第2条）。

　税関登録を行うことで、税関による模倣品の真贋判定に資することになり、また、関連保護情報には台湾における代理人情報や連絡先も登録されるため、税関が模倣品を発見した際の連絡がスムーズになるという利点もある。よって、台湾において模倣品の水際対策を検討する場合は、まず税関登録を考慮することが好ましい。

　以下、本節及び次節以降では、商標法及び税関実施規則の規定に基づいて説明を行う。

２．税関登録の保護期間

　2016年以前は税関登録の保護期間は１年であり、１年ごとに保護期間の延長申請をする必要があった。2017年の法改正により保護期間は「税関が登録を許可した日から商標権の存続期間満了日まで」となり、１年ごとに延長する必要はなくなった。すなわち、一度税関登録をすれば、商標権の存続期間満了までは手続きを要することなく、税関登録の保護も維持される。ただし、商標権の更新登録申請を行った場合、税関登録の保護期間の延長申請を行う必要がある点に注意しなければならない。なお、税関登録の保護期間の延長申請は商標権の更新登録の許可通知を付して行う。

３．税関登録の手続き及び必要書類

　税関登録は書面又はオンラインで行うことができる。なお、税関登録は商標権者又は専用使用権者が行うことができる。申請費用は不要である。必要書類は以下のとおりである。

　① 商標権証明書類（商標登録証）

　② 代理人に関する情報（必要なら）

　③ 侵害事実及び真贋判定のポイントに関する説明

　④ 真正品及び侵害品の輸出入情報（あれば）

　上記③について、例えば「真正品の側面は黒色、模倣品の側面は灰色」等の記載をすることができる[169]。また、両者を比較した写真等のファイルを提出することも可能である。

---

[169] 真贋判定のポイントをどこまで詳細に記載するかは難しいところである。企業とすれば外部に漏らしたくないポイントもあり、税関への開示とはいえ万一の場合を考慮して、開示の程度を検討することが好ましい。

第二節　税関への差止申請

1．概要

　第三者の輸出入品が自己の商標権を侵害するおそれがあると認めるときは、商標権者は税関に対して担保金を提供し、差止めを申請することができる。これは2003年の商標法改正で導入された規定である。なお、この差止申請は商標権侵害のおそれがあるが確かではない場合に利用するものであり、仮に商標権侵害の具体的事実が明らかであり関連証拠を有している場合は、差止申請の代わりに告発手続きを行うことができる。告発については次節で説明する。

2．差止めの手続き

　税関に書面で侵害の事実を釈明し、税関が査定した輸入物品の課税価格又は輸出物品のFOB価格[170]に相当する保証金又はそれに相当する担保を供託しなければならない。税関は差止申請を受理した場合、直ちに申請者に通知しなければならない。税関は保証金又は担保の供託が要件を満たすと認定し、差止めを実施する際、申請者及び差止めを受けた者に書面で通知しなければならない。差止申請をした後、裁判所から侵害を構成するという判決が下され確定した場合、差止めを受けた者は差止物のコンテナ延滞料、倉庫の使用料、積卸費用等の関連費用を負担しなければならない。

3．差止めの取りやめ

　次に掲げる状況に該当する場合、税関は差止めを取りやめなければならない。

　① 申請者が税関から差止受理を通知された日の翌日から12日以内（税

---

[170]　FOBは「Free On Board」の略である。FOB価格とは、輸出者が工場から輸出する港に停泊する船に貨物を積み込むまでに負担する価格のことを指す。

関は必要に応じて12日間延長することができる）に侵害訴訟を提起
し、税関に通知しなかった場合

② 申請者が提起した訴訟において裁判所による却下判決が確定した、
又は侵害を構成しないとの判決が確定した場合

③ 申請者が差止めの取りやめを申請した場合

④ 差止めを受けた者が2倍の保証金（反担保金）又は相当の担保を提
供して税関に対して差止めの取りやめ及び輸出入物品に関する通関
規定に基づき処理するよう請求し、当該請求が要件を満たした場合

なお、差止めが前記①から③までの事由によって取りやめられた場合、
申請者が差止物のコンテナ延滞料、倉庫の使用料、積卸費用等の関連費用
を負担しなければならない。

4．損害賠償

差止めの申請をした後、裁判所から侵害を構成しないという判決が下さ
れ確定した場合、差止めの申請者は、差止めを受けた者が差止めにより又
は反担保金の提供により受けた損害を賠償しなければならない。申請者及
び差止めを受けた者は、相手当事者の保証金について、質権者と同一の権
利を有する。ただし、コンテナ延滞料、倉庫の使用料、積卸費用等の関連
費用は、申請人又は差止めを受けた者への損害賠償よりも優先する。

5．保証金の返還

次のいずれかの状況に該当する場合、税関は申請者からの申請により、
申請者が提供した保証金を返還しなければならない。

① 申請者が勝訴の確定判決を受け、又は差止めを受けた者と和解して、
保証金を引き続き提供する必要がなくなった場合

② 差止めが前記①から③までの事由によって取りやめとなり、差止め
を受けた者が損害を受けた後、又は差止めを受けた者が勝訴の確定
判決を受けた後に申請者が20日以上の期間を定めて、差止めを受け
た者に権利の行使を催告したにもかかわらず、行使しなかったこと

を証明した場合

③ 差止めを受けた者が返還に同意した場合

また、次のいずれかの状況に該当する場合、税関は差止めを受けた者の申請により、差止めを受けた者が提供した保証金を返還しなければならない。

① 差止めが前記①から③までの事由によって取りやめとなり、又は差止めを受けた者が申請者と和解し、保証金を引き続き提供する必要がなくなった場合

② 申請者が勝訴の確定判決を受けた後に差止めを受けた者が20日以上の期間を定めて、申請者に権利の行使を催告したにもかかわらず、行使しなかったことを証明した場合

③ 申請者が返還に同意した場合

第三節　告発

商標権侵害の具体的事実が明らかであり関連証拠を有している場合は、差止申請の代わりに告発手続きを行うことができる。

１．告発の手続き及び必要書類

告発は書面又はオンラインで行うことができる。必要書類は以下のとおりである。

① 商標権証明書類（商標登録証）

② 侵害事実及び侵害品を十分に判断できる説明、侵害品の写真、型番、画像など

③ 権利侵害をしている輸出入業者の名称、輸出入日時、航空便名又は船便名、貨物保管地点など

２．告発手続き後

告発手続きがされた場合、税関は告発内容が具体的であるかどうかを判

断し、問題がなければ告発を受理した上で、商標権者にその旨を通知しなければならない。不受理の場合は、理由を叙述して商標権者に通知しなければならない。

　その後は次節で述べる税関の職権による差止めと同様の流れに沿って、手続きが進められる。

第四節　税関の職権による差止め

　税関の職権による差止めの全体の流れを以下の図に示す。

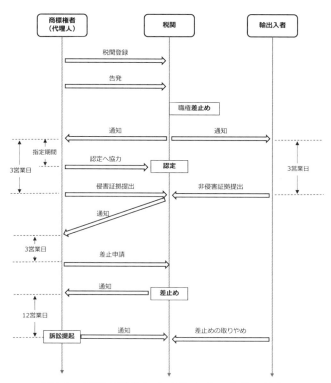

図14　税関の職権による差止めの全体の流れ

　第二節及び第三節では商標権者が事前に商標権を侵害する物品が輸入されることを知っていた場合の対応方法であるが、そうではない場合、すなわち、商標権者が侵害物品の輸出入に関する情報を得ていない場合は、税関による自発的な発見により商標権者に通知がされる。通知を受けた商標権者は規定の手続きを経た上で前節の差止申請を行うことができ、あるいは一定要件の下で税関は事件を司法機関に移送する。

各手続きの内容

（1）税関による職務執行（税関）

　税関は輸出入された物品が商標権を侵害するものであるか否かをチェックする。

（2）商標権者及び輸出入者への通知（税関）

　税関は職務執行中に明らかに商標権侵害のおそれがある物品を発見した場合、商標権者（又は代理人、以下同じ）及び輸出入者に通知しなければならない。この通知は口頭、書面、電話、メール又はファクシミリで行われる。

　商標権者（又は代理人）と連絡が取れない場合、他の通関規定に反しない限り、税関は対象物品の通関を許可する。

（3）税関での認定及び侵害証拠の提出（商標権者）

　税関から（2）の通知を受けた商標権者は、以下の期間内に税関へ出向き、侵害かどうかの認定を行わなければならない。なお、商標権者の代理人が行うこともできる。

　① 航空便輸出：通知を受けてから4時間以内
　② 航空便輸入及び船便輸出入：通知を受けてから24時間以内

　商標権者が上記期間内に税関での認定を行わなかった場合、又は商標権者が対象物品は侵害を構成しないと認定した場合、他の通関規定に反

しない限り、税関は対象物品の通関を許可する。

　上記認定に加え、通知を受けてから3営業日以内に税関に対して侵害証拠を提出しなければならない。この3営業日の期間は正当な理由があれば一度に限り3営業日の延長が認められる。

　商標権者（又は代理人）が上記期間内に侵害証拠を提出しなかった場合、他の通関規定に反しない限り、税関は対象物品の通関を許可する。

（4）非侵害の証拠の提出（輸出入者）

　税関から（2）の通知を受けた輸出入者は、通知を受けてから3営業日以内に税関に対して非侵害証拠を提出しなければならない。この3営業日の期間は正当な理由があれば一度に限り3営業日の延長が認められる。

　輸出入者が上記期間内に非侵害証拠を提出しなかった場合、税関は一時的に通関不許可の措置を採ることができ、商標法第95条又は第97条（一般侵害行為及びみなし侵害行為の刑事罰）に反すると認められる場合、税関は事件を司法機関に移送する。

（5）商標権者へ通知（税関）

　商標権者が侵害証拠を、輸出入者が非侵害証拠を期間内に提出した場合、当事者双方から証拠が提出されたことから税関は侵害か否かを判断できないため、税関は商標権者に差止申請を行うように通知しなければならない。

（6）税関への差止申請（商標権者）

　税関から（5）の通知を受けた商標権者（又は代理人）は、3営業日以内に第二節の税関への差止申請を行わなければならない。その後は、第二節で述べた内容に沿って差止めの手続きが進められる。

　商標権者（又は代理人）が上記期間内に税関への差止申請を行わなかった場合、他の通関規定に反しない限り、税関は代表的な見本を取って

から対象物品の通関を許可することができる。

第五節　その他関連規定

　商標権者による差止申請及び職権による差止申請におけるその他の関連
規定について述べる。

１．差止物の点検の申請

　TRIPS協定第57条の規定を参考として、商標法第76条第１項において差
止物の点検の申請が規定されている。すなわち、税関は差止物の機密資料
保護を損なわないという状況の下、差止めの申請人若しくは差止めを受け
た者、又は商標若しくは輸出入者の申請により、差止物の点検に同意す
ることができる。点検申請は輸出入された地点の税関に対して行わなければ
ならず、また、税関から指定された時間、場所、方法に沿って行わなけれ
ばならない。

　この点検申請を行うことで、当事者は差止物の状況をより理解すること
ができる。

２．侵害物品の関連情報提供の申請

　商標法第76条第２項において差止物の点検の申請が規定されている。す
なわち、税関が商標権者からの差止申請を受けて差止めを実施した後、又
は職権による差止めにおいて一時的な通関不許可措置を採った後、商標権
者は税関に対して関連資料の提供を申請することができる。この申請を受
けた税関は、申請に同意した後、輸出入者／荷受人／出荷人の氏名又は名
称、住所及び被疑侵害品の数量を提供する。

　商標権者はこの申請で得た輸出入者／荷受人／出荷人の氏名又は名称、
住所及び被疑侵害品の数量という情報について、商標権侵害案件の調査及
び訴訟提起を目的としてのみ使用することができ、任意に第三者へ漏洩し
てはならない。

3．貨物の見本の借用申請

　税関の職権による差止申請において、税関から通知を受けた商標権者が侵害かどうかの認定を行う際、税関が見積もった輸入貨物見本の課税価格及び関連する税金、又は税関が見積もった輸出貨物見本の FOB 価格及び関連する税金の120％に相当する保証金を納付して、税関に貨物見本の借用を申請することができる。ただし、貨物見本を借りて認定を行う必要があり、かつ商標権者が輸出入者の利益を侵害せず、不正な用途に使用しない旨を書面で誓約した場合に限られている。「貨物見本を借りて認定を行う必要がある」場合とは、見本を借用して機器を用いる必要があり現場での認定が困難な場合や、特殊な事情により税関が同意した場合などである。

　この保証金は3000元を下回ってはならない。また、商標権者が権利侵害認定において侵害証拠を提出期限までに借用した貨物見本を返還しない、又は返還した貨物見本と原貨物見本が合致しない若しくは欠損している場合、税関は商標権者が納付した保証金を用いて、輸出入者の損害を賠償する。

第二章　EC サイトでの模倣品取締り

　本章では、近年、模倣品の販売が急増している EC サイトでの模倣品の取締り、及び警察による EC サイト捜査について概要を説明する。

第一節　EC サイトでの模倣品取締り

　日本特許庁作成の資料[171]によれば、2018年度において日本の産業財産権を保有する法人が受けた模倣被害の状況を模倣品の製造国（地域）、経由国（地域）及び販売提供国（地域）に分けた場合、台湾は販売提供国（地域）で中国、韓国に次いで被害件数が多い国（地域）となっている。そして、近年、越境 EC 及び EC プラットフォームの発展に伴い、模倣品の販売場所は従来の夜市や実店舗からオンラインの EC サイトへと移ってきている。模倣品の市場への流入を防ぐための措置として、税関登録や水際取締措置を利用できることは既に述べたが、市場で既に流通している模倣品に対しては、EC サイトへの削除申請等を通じて、販売をやめさせることができる。

1．EC サイトへの削除申請

　台湾の大型 EC サイト（露天、蝦皮、Yahoo、PChome など）には、知的財産権を保護するため模倣品対策制度が設けられている。EC サイトで販売されている模倣品を発見した場合、知的財産権を有する者（商標権者や著作権者など）は各 EC サイトの規定に沿って削除申請をすることができる。申請を受けた EC サイトは、模倣品かどうかを確認した上で、模倣品掲載ページの削除を行う。また、多数の削除申請を受けたアカウントや

---

[171]　2019 年度模倣被害実態調査報告書

行為が悪質・重大な場合には、アカウント凍結などのペナルティ措置が採られる。

2．モニタリングや EC サイトとの連携

　EC サイトへの削除申請をすることで、模倣品掲載ページを削除することはできる。しかし、模倣品販売業者からすれば EC サイトへの出店はあまりコストや手間がかからないため、一度削除されたとしても再度商品を販売することは可能である。さらに、別のアカウントを新たに作成してそこで模倣品を販売することもできる。

　模倣品掲載ページを削除したとしても、根本的な解決を図ることは難しい。なぜなら模倣品の製造元や工場などの情報を得ることができないためである。さらに、模倣品を販売する者は別の EC サイトから購入し、単に販売しているだけということもある。

　よって、EC プラットフォーム上で侵害品が多く出回っている場合、商標権者は全面的なモニタリングの実施、権利侵害業者のアカウント凍結及びキャッシュ・フローの把握について、EC サイト運営業者に協力を求めることができる。運営業者もまた、必要に応じて警察と合同捜査を行うことで、より信頼性の高い捜査結果を得ることができる。

第二節　警察による EC サイト捜査

　世界貿易機関への加入、及び産業高度化促進、研究開発力強化に当たり、2003年 1 月 1 日に夜市、店舗、工場を対象に知的財産権侵害案件を専門的に捜査する「知的財産権保護警察大隊（通称「保智大隊」）」が発足した。その後、2014年に「刑事警察大隊」へと改称され、実店舗に加えてインターネット上における知的財産権侵害犯罪の捜査を専門に行う部隊となっている。

　警察大隊は商標権者による刑事告訴を取り扱うほか、EC サイトに模倣品がないかどうか自発的に捜査したり、一般市民の通報を受けて商品の試

買から告訴などの刑事捜査を発動する。鑑定を経て商品が模倣品であると判断された場合、警察は鑑定結果に基づき侵害業者に対する捜索及び司法機関への移送を請求することが可能である。

こぼればなし

原住民文化を表す商標には独自の審査基準がある

　台湾における原住民族の人口は、総人口の約2.5%を占め、現在政府は、アミ族、タイヤル族を含む合計16の原住民族を認定している。各原住民族は、それぞれ特別な言語、服装、宗教の祭儀、音楽や踊り等の伝統文化を有する。

　原住民族の民族名、集落の名称又はトーテム等の原住民文化を表すものに関する商標について、台湾特許庁は「原住民の伝統的創作に関わる特許出願の処理原則」に基づき審査を行うとされている。この処理原則では「原住民の彫刻、織物、図、模様等の要素は、当該原住民族、又は集落によって自由に使用されるべきである。当該要素を含む商標が出願された場合、出願人は当該部分についての権利を専有しないと声明しなければ、登録を受けることはできない」と規定されている。

　本願は、パイワン族原住民の伝統的なトーテムであり、特定人、又は企業が専有することは不適切であることから「本件商標は『パイワン族のヒャッポダ模様の伝統的な図』の商標権を主張しない」とした上で登録されている。

原住民族のシンボルを含むトーテムの商標の事例

（指定商品：銀、ブレスレット、ネックレス等）

現在検討されている台湾商標法改正草案の内容について

　台湾特許庁が現時点で公表している商標法改正草案は大きく３つに分かれる。その概要を以下に紹介する。

１．模倣商標ラベル及びパッケージの輸入、使用行為に対する刑事罰の創設

　環太平洋パートナーシップに関する包括的及び先進的な協定（CPTPP）への加入に合わせた内容となっている。

（1）模倣商標ラベル及びパッケージの輸入、使用行為に対する刑事罰の創設

　現行法では模倣商標ラベル及びパッケージの輸入、使用行為については、民事責任のみが問われており、刑事罰の対象とはなっていない。改正法においては、このような行為に対して刑事責任も問うことになるため、模倣品の減少が期待される。

（2）商標権のみなし侵害における主観的要件「明らかに知りながら」を削除

　現行商標法ではみなし侵害行為である権利侵害の準備、加工、又は補助行為については民事責任及び刑事責任のいずれも、「明らかに知りながら」という要件が規定されているが、改正によりこの要件が削除される。現行法及び実務では、間接故意及び過失の場合はみなし侵害を構成しないとされているが、今後は一般的な民事侵害・刑事侵害要件と同じく、民事の場合は「故意又は過失」、刑事の場合は「故意」であれば主観的要件を満たすことになる。

２．商標代理人制度の新設

　台湾に住所を有する者であればだれでも商標手続きの代理人になれるという現行法下では、ユーザーが適切に保護されないという懸念があること

から、商標に関する専門家である「商標代理人」という制度を創設する。なお、本文で触れたように、台湾における専利師はあくまで（日本でいう）特許・実用新案・意匠の「専利」を専門とする資格者である。改正草案では商標代理人になることができる要件として、法律で商標業務に携わることが認められているか（弁護士、会計士など）、又は商標手続きについて専門知識及び能力を有する者とされている。そして後者については台湾特許庁が運営する資格試験に合格し、登録を受けた者などとされている。

3．訴願制度の廃止、行政救済手続きにおける複審・争議審議会の創設

　この改正草案では、53もの条文に修正が加えられる大改正となっている。現行の行政救済プロセスは（1）経済部での訴願、（2）知的財産及び商事裁判所により審理される行政訴訟（第1審）、（3）最高行政裁判所により審理される行政訴訟（上訴審）の3段階となっているところ、台湾の訴願手続きは海外の商標救済制度と大きく異なることから、海外との制度調和を目指し、台湾特許庁は10年以上前から関連法案修正の準備・計画を行ってきた。今回の改正草案では、正式に訴願手続きが廃止され、行政救済案件の審理は台湾特許庁に創設された「複審・争議審議会」により行うことが規定される。

　また、複審案件及び争議案件の取消訴訟手続きが、行政訴訟に基づく審理方式から民事訴訟に基づく審理方式へと変更されている。これらはいずれも今回の法改正において極めて重要な変更であると考える。このほか、「審議手続きの参加人も行政訴訟提起可能」「証拠の補充提出に対する制限」といった規定も追加されている。

索 引

262

黄　瑞賢（コウ　ズイケン）

維新国際専利法律事務所　所長／弁護士／弁理士

1967年6月12日生まれ
1995年〜1997年　エーザイ株式会社台北支店にて勤務
1998年〜2012年　台北市の大手総合法律事務所にて勤務
2005年　　　　　台湾弁護士登録
2008年　　　　　台湾弁理士登録
2007年〜2009年　台北弁護士会バイオ・ライフサイエンス法委員会副委員長
2009年〜2015年　台湾行政院経済部弁理士綱紀委員会会員
2009年〜　　　　国立高雄海洋科技大学等の大学機関における講師
2009年〜2015年　台湾弁理士会理事、監事歴任
2009年〜2015年　台湾弁理士会国際事務委員会副委員長
2012年　　　　　維新国際専利法律事務所設立
2012年〜2018年　アジア弁理士協会（APAA）台湾部会理事、
　　　　　　　　監事歴任アジア弁理士協会（APAA）総会及び台湾部会商標實務委員会委員長
2018年〜2021年　国際商標協会(INTA)−Enforcement Committee 委員
2022年〜　　　　国際商標協会(INTA)−Anticounterfeiting Committee 委員

　法律及び理工を専攻。長年にわたり知的財産権及び法律関連（特に商標、特許の出願、著作権、営業秘密、不正競争及び訴訟に関わる権利保護）を中心としたリーガル・サービスに尽力する。具体的には、知的財産権の出願、無効審判請求、訴願、行政訴訟、警告書の作成及びその管理、実施許諾、保護、契約書の作成及び交渉、知的財産権の保全手続き、並びに関連の民事、刑事及び行政訴訟を担当、今日に至る。

国立台湾大学農学部・法学部、日本東京大学大学院にて応用生命工学を専攻。卒業後、25年以上にわたり台湾知的財産権分野に携わる。大手総合法律事務所に勤務し、特許や商標の調査、出願、応答及び権利侵害鑑定などの実務経験を積み、2005年 台湾弁護士試験、2008年 台湾第1回弁理士試験に合格。日本、欧米等の大型国際企業の台湾における知的財産業務に長年従事することで高い信頼を得る。

　2012年に維新国際専利法律事務所を設立、現在に至る。

所属団体

台北弁護士会、台湾弁理士会、アジア弁理士協会（APAA）、国際商標協会（INTA）、国際弁理士連盟（FICPI）

執筆・講演

・「Altering a Registered Trademark－Taiwan Court Clarifies Grounds for Revocation」（国際商標協会（INTA）Bulletin Vol.76 Issue 19 - Feature 専欄, May 2021）

・「Significant changes in Taiwan Patent Act and Strategies for Patent Applications in Taiwan」（ドイツ弁理士会月刊（Mitteilungen der deutschen Patentanwälte), May 2021）

・「Analysis of Practical Determination on Whether Parody Constitutes Infringement in the Taiwan Intellectual Property Court」（国際弁理士連盟ブログ（FICPI Blog), December 2020）

・講演「最近の知財事件・判例から学ぶブランド保護」―第68回知的財産権研究会議（公益財団法人日本台湾交流協会、2020年12月）

降幡　快（フリハタ　カイ）

維新国際専利法律事務所　日本弁理士

1984年12月31日生まれ
2007年　　　　　明治大学商学部卒業
2007年～2010年　都内ソフトウエア会社勤務
2012年　　　　　黄瑞賢と共に維新国際専利法律事務所を設立
2019年　　　　　日本弁理士登録

　2011年から台湾に在住する中国語堪能（華語文能力試験 TOCFL 精通級）な日本人弁理士。

　2012年から黄瑞賢と共に維新国際専利法律事務所を設立し、現在に至る。

　台湾、中国、日本に関する特許、実用新案、意匠、商標等の知的財産権全般の業務及び最新実務に精通。主に、外国案件（外国から台湾及び台湾から外国）における特許、実用新案、意匠及び商標の出願、中間処理から権利維持等を担当。

　商標については、出願前の指定商品・役務の選定、登録可能性調査、出願手続き、中間処理から権利化後の商標権管理、そして各種係争案件（異議申立て、審判、侵害訴訟）及び模倣品対策までを全般的にこなす。

　また、台湾特許庁との意見交流会や法改正検討会議に参加するなど、台湾の各行政・司法機関とも交流を深めている。

　その他、電子メディアへの投稿、台湾や日本各地での講演を行うなど多岐にわたり活躍。

所属団体
日本弁理士会

執筆・講演

- 「最近の知財事件・判例から学ぶブランド保護」台北市日本工商会主催
  第68回知財勉強会（日本台湾交流協会、2020年12月）
- 「台湾 無効審判及び審決取消訴訟における近年の無効理由別統計データ
  並びに記載要件違反の事例紹介」パテント（日本弁理士会、2020年12月）
- 「台湾専利実務ガイド」（発明推進協会、2020年4月）
- 「台湾での数値限定発明の進歩性判断及び侵害判断における代表的判決
  紹介」知財管理誌2018年12月号 VOL.68 NO.12（NO.816）（JIPA、
  2018年12月）
- 「台湾 ハンドバッグ製品の著作物性を否定した判例（Céline Luggage
  事件）」Wisdom ニュース Vol.96（2021年9月）
- 「台湾 並行輸入の真正品に付された登録商標の利用に関する判例(LEGO
  トラック事件)」Wisdom ニュース Vol.93（2021年7月）
- 「台湾 商標の使用に関する最高裁判例（台湾亜太植牙医学会 APAID 事
  件）」Wisdom ニュース Vol.87（2021年4月）など多数

維新国際専利法律事務所の紹介

　弊所は、知的財産権を専門とし、特に長年にわたり培った日本知財関連業務の経験に基づき、日本向け商標、特許、実用新案、意匠、著作権及び公平公易法（不正競争防止法）関連等の知的財産権を中心に取り扱う事務所です。弊所の理念である「誠実、効率、品質」をモットーとし、実務経験の豊富な専門家たちにより全てのサービスにおいて、誠実に向き合い、効率の良いパフォーマンスと品質の高いサービスを提供することで、多くのクライアント様からの信頼を得てまいりました。

豊富な実務経験とサポート

　知的財産権の出願だけでなく、権利保護、権利主張、係争事件や模倣品取締り及び各種訴訟についても多数取り扱っています。

出願・係争事件
商標について

　台湾特許庁と日本特許庁では認められる指定商品・役務の名称が異なるため、クライアント様の要求に沿った商標権の保護範囲となります。また、クライアント様の事業運営に適するような権利の保護や主張が可能になるよう、出願前段階において指定商品・役務を一つずつ確認します。出願段階の補正通知や拒絶理由、商標登録後の係争事件（異議申立て・無効・取消審判）については、長年の実務経験に基づいた適切な対応方針に関する見解を提供し、拒絶理由の解消や係争事件における良い結果を得られるようサポートします。

特許について

　最も得意とする技術分野は長年にわたり扱ってきた材料、化学、医薬品及び生化学ではありますが、これらに限らず機械、電気・電子等の分野についても多くの実務経験があります。

権利保護

　商標登録後に商標権侵害の疑いや商標の使用に関する事件が発生した場合、は適切な対応・交渉を行い、権利者をサポートします。商標の模倣の可能性がある商品については、税関登録手続き、台湾警察と協力して実店舗やECサイト等オンラインストアでの模倣品の取締り、ECサイトに対する模倣品の販売ウエブページの削除手続き等、各方面からクライアント様をサポートし、商標権を保護します。

訴　　訟

　商標、特許、実用新案、意匠の出願拒絶査定後の行政訴訟、係争案件の審決取消訴訟、そして権利侵害の民事訴訟、模倣品関連による刑事訴訟、公平交易法・営業秘密・パテントリンケージ等、知的財産権に関するあらゆる訴訟において、経験豊富な専門家たちによる法的アドバイスの提供や対応をしています。

専門知識研究型

　知的財産という業界において良いサービスを提供するためには、高度な専門知識や経験、そしてグローバルな最新情報が必須です。そして、こうした知識や情報は日々アップデートすることが不可欠です。弊所では台湾及び中国の知的財産について、最新情報の入手や法改正、それに伴う対応戦略など、実務に役立つ情報を日々研究し外部へ発信しています。台湾や中国のみならず、米国、日本、韓国、欧州など世界各国・地域の知的財産に関する情報や最新実務についても、常に海外の代理人と協力しながら情報を入手しアップデートを行っています。

　弊所は長期にわたり海外での知的財産権取得や権利保護のサービスを行っています。よって、海外の代理人との関係性を重視しており、クライアント様の需要や特性に合ったふさわしい海外の代理人を紹介することが可能です。海外の代理人との提携や国際会議等に出席することで、世界各国の多くの海外の代理人と良好な関係性を築いています。外国の制度や実務の変更は、このネットワークを活用し、最新の情報を迅速に得ることで、スピーディーに対応することができます。

受賞歴

2021年「IAM Patent 1000」

　　　　patent prosecution 部門　ランクイン

　　　　「World Trademark Review」

　　　　商標 prosecution and strategy 部門　ランクイン

なお、上記2つの賞は個人部門でも選出されている。

所在地・連絡先

台湾104　台北市南京東路二段206号国揚万商大楼11楼之1

Ｔ Ｅ Ｌ：+886-2-2508-2466

Ｆ Ａ Ｘ：+886-2-2508-2376

EMAIL：wisdom@wisdomlaw.com.tw

Ｈ　　Ｐ：http://www.wisdomlaw.com.tw

カバーデザイン　サンクデザインオフィス

台湾商標実務ガイド

2022(令和4)年2月17日　初版発行

著　者　黄　瑞賢　　降幡　快
©2022　George J. H. HUANG　FURIHATA Kai

発　行　一般社団法人発明推進協会

発行所　一般社団法人発明推進協会
　　　　所在地　〒105-0001
　　　　　　　　東京都港区虎ノ門3-1-1
　　　　電　話　東京　03(3502)5433（編集）
　　　　　　　　東京　03(3502)5491（販売）
　　　　ＦＡＸ　東京　03(5512)7567（販売）

印刷：株式会社丸井工文社
Printed in Japan

発明推進協会ホームページ：http://www.jiii.or.jp/

カラー商標見本

p.21

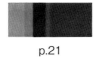

p.21

p.22

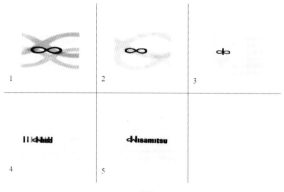

1	2	3
IIkNkld	Hisamitsu	
4	5	

p.23

p.24

【第三編第一章第一節】識別力

p.86

【第四編第二章第一節】「使用」の定義

	登録商標	使用商標
大文字と小文字の違い	BABY CARE	baby care
非要部のみの変更	BSM	BSM
色の変更（登録白黒、使用カラー）	♥光泉	♥光泉
色の変更（要部の変更に影響を与えない）	UdiLife 優の生活人師	UdiLife 優の生活大師 / UdiLife 優の生活大師
配置の変更	ipe CAVALLI	ipe CAVALLI / ipe CAVALLI GROUP

pp.150 － 151

	登録商標	使用商標
色の変更（登録カラー、使用モノクロ）		
二段書き商標の一段のみ		
要素の一部のみ		
権利不要求（ディスクレーム）部分を削除		

pp.151 － 152